Leckeres aus EINEM TOPF

KÖNEMANN

Schmortöpfe

Ob in der schlichten Alltagsversion oder in Kombination mit besonderen Zutaten als Hauptgericht für die Festtafel – herzhafte Schmortöpfe erfreuen sich allgemeiner Beliebtheit. Die vorgestellten Rezepte schmecken im Sommer genauso gut wie bei kalter Witterung – statt warmes Gemüse wird dann nur frischer Salat und knuspriges Brot dazu gereicht.

Hühnchen mit Aprikosen

Vorbereitungszeit:
  10 Min.
Zubereitungszeit:
  1 Std.
Für 4 Personen

4 Hühnerbrustfilets (750 g)
¾ Becher Mehl, mit Salz und Pfeffer gewürzt
1 EL Öl
1 mittelgroße Zwiebel, in Ringe geschnitten
2 TL scharfer Senf
125 ml trockener Weißwein
425 ml Aprikosennektar
1 Dose Aprikosenhälften (425 g), abgetropft
2 TL Maismehl, mit 1 EL Wasser verrührt

1 Backofen auf 180 °C vorheizen. Die Filets in gewürztem Mehl wenden. Öl in einer schweren Pfanne erhitzen und Filets darin bei mittlerer Hitze anbraten. Zum Abtropfen auf Küchenpapier legen.

2 Zwiebeln in der Pfanne 1 Minute lang weich dünsten. Hühnchen und Zwiebeln in einen Schmortopf geben.

3 Senf, Wein und Aprikosennektar verrühren und über das Fleisch gießen. Topf gut verschließen und alles 40 Minuten im Backofen schmoren lassen.

4 Aprikosen und das mit Wasser angerührte Maismehl unterrühren. Ohne Deckel etwa 10 Minuten weitergaren, bis das Fleisch weich und die Sauce sämig ist. Mit Nudeln und grünem Gemüse servieren.

Hühnchen mit Aprikosen (oben), Champagnerhuhn mit Estragon (unten)

SCHMORTÖPFE

Champagnerhuhn mit Estragon

Vorbereitungszeit:
10 Min.
Zubereitungszeit:
1 Std. 20 Min.
Für 4 Personen

1 Hühnchen à 1,6 kg
120 g frisches Paniermehl
1 Ei, leicht verschlagen
2 Knoblauchzehen, zerdrückt
2 TL geriebene Zitronenschale
1 EL frischer Estragon, feingehackt
500 ml Sekt oder trockener Weißwein
250 ml Hühnerbrühe
4 ganze Pfefferkörner
1 Lorbeerblatt

1 Backofen auf 180 °C vorheizen. Hühnchen abspülen und trocken tupfen. Flügel nach unten einschlagen. Paniermehl, Eier, Knoblauch, Zitronenschale und Estragon vermischen und das Huhn mit der vorbereiteten Masse füllen. Ränder mit Zahnstochern zusammenstecken und das Huhn mit Küchengarn zusammenbinden.
2 Huhn mit der Brustseite nach oben in einen Schmortopf legen. Sekt oder Wein mit Brühe verrühren und darüber gießen. Zum Schluß die Pfefferkörner und das Lorbeerblatt dazugeben.
3 Ohne Deckel etwa 1 ¼ Stunden im Backofen goldbraun schmoren lassen.
4 Huhn zerlegen und auf einer Servierplatte warm halten. Sauce durchseihen und zum Huhn servieren. Dazu gedämpften Spargel und kleine Möhren reichen.

Hühnchen in Sahne

Vorbereitungszeit:
6 Min.
Zubereitungszeit:
1 Std.
Für 4 Personen

8 Hühnerkeulen, enthäutet
1 EL Öl
4 dicke Scheiben Frühstücksspeck
2 EL Zwiebelsuppenpulver
250 ml saure Sahne
375 ml Wasser
1 mittelgroßer roter Paprika, zerkleinert
2 EL frische Petersilie, feingehackt

1 Backofen auf 180 °C vorheizen. Öl in einer schweren Pfanne erhitzen und Hühnerkeulen mit Frühstücksspeck bei mittlerer Hitze 4 Minuten scharf anbraten. Auf Küchenpapier abtropfen lassen.
2 Huhn und Frühstücksspeck in einen Schmortopf geben. Suppenpulver mit Wasser und saurer Sahne verrühren und über das Fleisch gießen.
3 Deckel schließen und 45 Minuten im Backofen schmoren lassen, bis das Fleisch gar ist. Paprika und Petersilie darüber streuen, Deckel wieder schließen und für 5 Minuten zurück in den Backofen stellen. Dazu schmeckt frischer Salat.

Schweinefleisch mit Kümmel

Vorbereitungszeit:
10 Min.
Zubereitungszeit:
2 Std.
Für 4 – 6 Personen

1 kg Schweinefleisch, in 2 cm große Würfel geschnitten
¾ Becher Mehl
1 EL Öl
500 ml Hühnerbrühe
1 TL Kümmel, gemahlen
1 EL Sojasauce
1 EL Austernsauce
2 mittelgroße Süßkartoffeln, geschält und gewürfelt
2 EL frischer Koriander, feingehackt

1 Backofen auf 180 °C vorheizen. Das gewürfelte Fleisch im Mehl wenden. Öl in einer schweren Pfanne erhitzen. Das Fleisch portionsweise 2 Minuten scharf anbraten, bis es schön gebräunt ist. Auf Küchenpapier abtropfen lassen.

SCHMORTÖPFE

Hühnchen in Sahne (oben), Schweinefleisch mit Kümmel (unten)

2 Fleisch in einen Schmortopf legen. Hühnerbrühe mit Kümmel, Soja- und Austernsauce verrühren und darüber gießen.
3 Deckel schließen und 1 ¾ Stunden im Backofen schmoren lassen. Die süßen Kartoffeln zufügen und den Topf noch einmal für etwa 15 Minuten in den Ofen stellen. Wenn die Kartoffeln gar sind, Koriander dazugeben. Mit Brokkoli und rotem Paprika servieren.

TIP
Scharfes Anbraten erhöht das Aroma. Am besten das Fleisch portionsweise bei hoher Temperatur rundherum schön anbräunen.

Leckeres aus einem Topf

Schweinefleisch mit Orangen

Vorbereitungszeit:
6 Min.
Zubereitungszeit:
1 Std. 35 Min.
Für 4 Personen

4 Schweinesteaks à 200 g
2 TL Öl
2 TL Ingwer, gemahlen
250 ml Orangensaft
1 EL geriebene Orangenschale
1 EL Honig
3 TL Maismehl, mit 1 EL Wasser verrührt
2 EL frischer Schnittlauch, feingehackt

1 Backofen auf 180 °C vorheizen. Das Fleisch von Fett und Sehnen befreien. Öl in schwerer Pfanne erhitzen, Schweinefleisch zufügen und bei starker Hitze auf jeder Seite 2 Minuten scharf anbraten. Auf Küchenpapier abtropfen lassen.
2 Schweinesteaks in einen Schmortopf geben. Ingwer, Orangensaft, Orangenschale und Honig verrühren und die Mischung über das Fleisch gießen. Deckel schließen und 1 ½ Stunden im Backofen weich garen.
3 Die Maismehlmischung in den Topf geben und gut unterrühren. Das Ganze noch einmal 5 Minuten in den Ofen stellen. Mit Schnittlauch garnieren. Dazu schmecken Kartoffeln und Zuckererbsen.

Überbackener Wursteintopf

Vorbereitungszeit:
10 Min.
Zubereitungszeit:
1 Std.
Für 4 Personen

8–10 Bratwürste
4 mittelgroße Kartoffeln, gepellt und in Scheiben geschnitten
1 Dose Lauch-Kartoffelsuppe (425 ml)
400 ml Wasser
½ TL Chilipulver

Für die Kruste
2 Becher Paniermehl
30 g Butter, geschmolzen
1 Becher geriebener Cheddar oder Parmesankäse

1 Backofen auf 180 °C vorheizen. Grill einschalten und vorheizen. Die Würste ringsherum mit einer Gabel oder einem Fleischspieß einstechen; 5 Minuten grillen und öfter wenden. Auf Küchenpapier abtropfen lassen.
2 Kartoffelscheiben in einen Schmortopf mit leicht gefettetem Boden geben und die Würste darüber verteilen.
3 Suppe, Wasser und Chilipulver verrühren und über die Würste gießen. Den Topf schließen und 45 Minuten im Backofen garen.
4 Für die Kruste Paniermehl mit Butter und Käse vermischen und auf den Wursttopf geben. Ohne Deckel 10 Minuten im Ofen überbacken, bis die Oberfläche knusprig und goldgelb ist. Mit gedünstetem Gemüse der Saison servieren.

> **Tip**
> Zum Schmoren und Kochen sind geeignet:
> *Rind:* Hochrippe, Bugstück, Unterschale, Kaldaunen. Nacken oder Keule (gewürfelt).
> *Schwein:* Fuß, Blatt, Lende, Kotelett; Haxe oder Kamm (gewürfelt).
> *Kalb:* Hals oder Schulter (gewürfelt).
> *Lamm:* Nacken, Kotelett, Brust und Bauch; Schulter oder Keule.

Überbackener Wursteintopf (oben),
Schweinefleisch mit Orangen (unten)

Italienischer Lammtopf

Italienischer Lammtopf

*Vorbereitungszeit: 25 Min.
Zubereitungszeit: 1 Std.
Für 6 Personen*

1 Lammkeule à 1,5 kg, entbeint
½ Becher Weizenmehl
1 EL Olivenöl
30 g Butter
4 mittelgroße Stangen Sellerie, diagonal in Scheiben geschnitten
2 große Zwiebeln, in Scheiben geschnitten
2 mittelgroße Möhren, diagonal in Scheiben geschnitten
2 Knoblauchzehen, zerdrückt
1 Dose Tomaten (450 g)
2 EL Tomatenmark
250 ml trockener Weißwein
250 ml Hühnerbrühe
¾ TL Oregano, gemahlen
¾ TL Thymian, gemahlen
½ TL Rosmarin, gemahlen
frisch gemahlener schwarzer Pfeffer

1 Backofen auf 180 °C vorheizen. Fleisch von Fett und Sehnen befreien und in 4 cm große Würfel schneiden. Fleischwürfel in Mehl wenden. Öl und Butter in einer schweren Pfanne erhitzen. Würfel in kleinen Portionen scharf anbraten. Dann in einen Schmortopf geben.

2 Sellerie, Zwiebeln, Möhren und Knoblauch in die Pfanne geben. Tomaten mit Saft dazugeben, mit Tomatenmark verrühren. Wein, Brühe und Kräuter zufügen. Zum Kochen bringen, dabei den Bratensatz vom Pfannenboden kratzen und einrühren. Das Ganze über das Fleisch gießen und mit einer Prise Pfeffer abschmecken.

3 Den Topf schließen und alles etwa 1 Stunde im Ofen garen. Dazu schmeckt knuspriges Brot und Salat.

·Osso Bucco

Osso Bucco

Vorbereitungszeit:
  10 Min.
Zubereitungszeit:
  1 Std. 30 Min.
Für 4– 6 Personen

8 Beinscheiben vom Kalb, gewürfelt
½ Becher Mehl
80 ml Olivenöl
1 große Zwiebel, gehackt
1 große Mohrrübe, in Scheiben geschnitten
1 Knoblauchzehe, zerdrückt
250 ml Hühnerbrühe
125 ml Weißwein
1 Dose Tomaten (440 g), zerkleinert
2 EL Petersilie, feingehackt
1 EL geriebene Zitronenschale
1 Knoblauchzehe, feingehackt

1 Backofen auf 180 °C vorheizen. Beinscheiben im Mehl wenden.

2 Öl in einer schweren Pfanne erhitzen und die Beinscheiben scharf anbraten. Auf Küchenpapier abtropfen lassen.

3 Fleisch in einen Schmortopf legen. Zwiebeln, Möhren, Knoblauch, Brühe, Wein und Tomaten mit Saft zufügen. Deckel schließen und im Backofen 1 ½ Stunden schmoren, bis Fleisch weich ist.

4 Vor dem Servieren mit gehackter Petersilie, abgeriebener Zitronenschale und dem restlichen Knoblauch bestreuen.

TIP
Die Speisen sind bekömmlicher, wenn Sie die Fleischstücke vom Fett befreien und die beim Garen auftauchenden Fettaugen abschöpfen. Wenn Sie Ihren Schmortopf im voraus zubereiten, sollten Sie vor dem Aufwärmen die Fettschicht abschöpfen.

Leckeres aus einem Topf

Lamm mit Pilzen

Vorbereitungszeit:
5 Min.
Zubereitungszeit:
2 Std.
Für 4 Personen

4 dicke Lammkoteletts aus der Keule à 175 g
1 EL Öl
1 Dose Pilzcremesuppe (450 ml)
1 EL Worcestersauce
180 ml Hühnerbrühe
125 ml trockener Sherry
2 TL Öl zusätzlich
250 g Champignons, halbiert
2 große Zwiebeln, in Ringe geschnitten

1 Backofen auf 180 °C vorheizen. Lammkoteletts von Fett und Sehnen befreien. Öl in einer schweren Pfanne erhitzen. Koteletts 1 Minute lang auf jeder Seite scharf anbraten. Auf Küchenpapier abtropfen lassen.
2 Lammkoteletts in einen Schmortopf legen. Suppe, Worcestersauce, Brühe und Sherry verrühren und die Mischung über das Fleisch geben. Zudecken und 1 ½ Stunden im Backofen garen.
3 Restliches Öl in der Pfanne erhitzen, die Pilze 3 Minuten darin anbräunen und beiseite stellen.

Dann Zwiebeln in die Pfanne geben und ca. 4 Minuten goldgelb dünsten.
4 Pilze in den Schmortopf einrühren. Zwiebelscheiben darüber geben. Topf zurück in den Backofen stellen und ohne Deckel ca. 20 Minuten weiterschmoren lassen, bis die Zwiebeln knusprig und die Fleischstücke weich sind. Dazu schmeckt gedämpftes Gemüse.

Fleischbällchen mit Tomaten und Artischocken

Vorbereitungszeit:
10 Min.
Zubereitungszeit:
1 Std.
Für 4 Personen

750 g Rinderhackfleisch
2 Knoblauchzehen, zerdrückt
2 EL frisches Basilikum, feingehackt
1 Ei, leicht verschlagen
½ Becher Paniermehl
2 EL Öl
1 Dose geschälte Tomaten (450 g), zerkleinert
2 EL Tomatenmark
125 ml Rotwein
½ TL Oregano, gemahlen
125 ml Rindfleischbrühe
1 Dose Kichererbsen (425 g), abgetropft
1 Dose Artischockenherzen (425 g), abgetropft und geviertelt
⅓ Becher schwarze Oliven, entsteint

1 Backofen auf 180 °C vorheizen. Hackfleisch mit Knoblauch, Basilikum, verschlagenem Ei und Paniermehl gut vermischen. Mit einem Eßlöffel Fleischbällchen formen.
2 Öl in einer schweren Pfanne erhitzen. Fleischbällchen 4 Minuten unter häufigem Wenden rundherum anbräunen, auf Küchenpapier abtropfen lassen und in einen Schmortopf legen.
3 Tomaten, Tomatenmark, Rotwein, Oregano und Brühe vermischen und über das Fleisch geben.
4 Deckel schließen und 40 Minuten im Backofen schmoren lassen. Kichererbsen, Artischocken und Oliven zufügen und den Fleischtopf dann ohne Deckel noch weitere 10 Minuten fertig garen lassen.

TIP

Lammfleisch harmoniert hervorragend mit Rosmarin, Minze und Oregano; ebenso passen Kümmel, Koriander und Kurkuma. Geröstete Auberginenscheiben oder Gerste sind eine sehr gute Beilage zu diesem rustikalen Lammeintopf.

Lamm mit Pilzen (oben),
Fleischbällchen mit Tomaten und Artischocken (unten)

1. Für den Rindfleischeintopf das Fleisch portionsweise kurz anbraten.

2. Angebratenes Fleisch und gehackte Zwiebeln in den Topf geben.

Rindfleischeintopf mit Kräuterküchlein

Vorbereitungszeit:
10 Min.
Zubereitungszeit:
2 Std.
Für 4 – 6 Personen

1 kg Hochrippensteak
2 EL Öl
½ Becher Mehl
2 Zwiebeln, gehackt
375 ml Rindfleischbrühe
2 EL Worcestersauce
1 EL Sojasauce
2 kleine Möhren, feingeschnitten
1 grüner Paprika, geschnitten

Kräuterküchlein
1 Becher Mehl
1 Messerspitze Backpulver
60 g Butterflöckchen
1 EL Milch
1 EL frische Petersilie, feingehackt
1 EL frischer Thymian, feingehackt
1 EL frischer Schnittlauch, feingehackt
⅓ Becher geriebener Cheddar oder Parmesan

1 Backofen auf 180 °C vorheizen. Fleisch von Fett und Sehnen befreien und in 4 cm dicke Würfel schneiden. Die Fleischwürfel im Mehl wenden. Die Hälfte des Öls in einer schweren Pfanne erhitzen und das Fleisch portionsweise ca. 4 Minuten scharf anbraten. Das Fleisch auf Küchenpapier abtropfen lassen.
2 Restliches Öl in der Pfanne erhitzen. Zwiebeln 2 Minuten anbräunen und auf Küchenpapier abtropfen lassen. Die Fleischwürfel mit den Zwiebeln in einen Schmortopf geben.
3 Brühe mit Worcester- und Sojasauce verrühren, über die Fleischwürfel und die Zwiebeln geben. 1 ¾ Stunden lang zugedeckt im Backofen garen.
4 Für die Küchlein: Mehl in eine Schüssel geben und die Butterflocken behutsam unterheben. Wenn die Mischung bröselig ist, Milch, Kräuter und Käse einarbeiten. Die Teigmasse auf einer mit Mehl bestäubten Arbeitsfläche 2 Minuten durchkneten. Den geschmeidigen Teig ca. 3 cm dick ausrollen und Kreise von 4 cm Durchmesser ausstechen.
5 Den Topf aus dem Ofen nehmen. Möhren und Paprika zugeben. Die runden Küchlein auflegen und ohne Deckel bei 180 °C 10 Minuten weitergaren, bis der Teig eine goldgelbe Farbe annimmt.

> **Tip**
> Um Zeit zu sparen, können Sie das Fleisch bereits vom Metzger würfeln lassen.

Rindfleischeintopf mit Kräuterküchlein

3. Mit einer scharfen Ausstechform Kreise aus dem Teig ausstechen.

4. Die Küchlein obenauf legen und den Eintopf im Ofen fertig garen.

Irischer Schmorbraten

Vorbereitungszeit:
10 Min.
Zubereitungszeit:
1 Std. 30 Min.
Für 4 Personen

1 kg Hochrippensteak
2 EL Öl
3 Scheiben Frühstücksspeck, kleingeschnitten
2 große Möhren, in Scheiben geschnitten
8 kleine Zwiebeln, halbiert
180 g Champignons
1 TL getrocknete Thymianblätter
2 EL Weizenmehl
250 g trockener Weißwein
375 ml Rindfleischbrühe

1 Backofen auf 180 °C vorheizen. Fleisch von Sehnen und Fett befreien und in 2 cm große Würfel schneiden. Öl in einer schweren Pfanne erhitzen. Fleisch portionsweise kurz anbraten; wenn es schön gebräunt ist, auf Küchenpapier abtropfen lassen.
2 Frühstücksspeck in die Pfanne geben. Bei mittlerer Hitze bräunen und auf Küchenpapier abtropfen lassen.
3 Fleisch und Speck in einen Schmortopf geben; Möhren, Zwiebeln, Pilze und Thymian zufügen.
4 Mehl, Wein und Brühe glattrühren und über Fleisch und Gemüse geben.
5 Topf schließen und 1 ½ Stunden backen, bis das Fleisch weich und zart ist. Mit Reis und gemischtem Salat anrichten.

Hinweis: Die Champignons sind auch durch andere Pilzsorten ersetzbar.

Seemannsstew

Vorbereitungszeit:
10 Min.
Zubereitungszeit
1 Std. 30 Min.
Für 6 Personen

1,5 kg Hochrippensteak
½ Becher Weizenmehl
2 EL Pflanzenöl
30 g Butter
4 große Kartoffeln, gepellt und dick in Scheiben geschnitten
4 mittelgroße Zwiebeln, in Ringe geschnitten
2 große Möhren, in Scheiben geschnitten
1 TL schwarze Pfefferkörner
750 ml Bier
2–3 Lorbeerblätter
500 ml Rindfleischbrühe
2 EL Sojasauce

1 Backofen auf 180 °C vorheizen. Fleisch von Fett und Sehnen befreien und in ca. 2 cm große Würfel schneiden. Fleischwürfel leicht in Mehl wenden und abklopfen. Öl und Butter in einer schweren Pfanne erhitzen. Fleisch portionsweise kurz anbraten, bis es schön goldbraun ist, und zum Abtropfen auf Küchenpapier legen.
2 In einem ausreichend großen Schmortopf Fleischwürfel, Kartoffeln, Zwiebeln und Möhren übereinander schichten; Pfefferkörner darüber geben. Bier, Lorbeerblätter, Brühe und Sojasauce zufügen.
3 Den Fleischtopf ohne Deckel 1 ½ Stunden im Ofen garen lassen, bis das Fleisch weich ist. Dazu schmeckt frisch gebackenes, knuspriges Brot.

> **TIP**
> Eine hervorragende Variante sind die scharf gewürzten Schmortöpfe auf Tomatenbasis, wenn sie mit Couscous serviert werden. Dieser Hartweizengrieß orientalischer Herkunft schmeckt köstlich und ist doch einfach zuzubereiten. In Feinkostabteilungen ist auch Instant-Couscous erhältlich.

Seemannsstew (oben), Irischer Schmorbraten (unten)

SCHMORTÖPFE

Dreikäsetopf mit Nudeln und Spinat

Vorbereitungszeit:
5 Min.
Zubereitungszeit:
30 Min.
Für 4 Personen

4 Becher gekochte Spiralnudeln
2 TL Öl
2 Knoblauchzehen, zerdrückt
10 Spinatblätter, zerpflückt
375 ml Sahne
125 ml trockener Weißwein
1 Becher geriebener Mozzarella
1 Becher geriebener Cheddar
60 g milder Blauschimmelkäse, zerbröckelt
½ TL Salbei, gemahlen
1 TL weißer Pfeffer, gemahlen

1 Backofen auf 180 °C vorheizen. Nudeln in einen gefetteten Schmortopf geben. Öl in schwerer Pfanne erhitzen, Knoblauch und Spinat 3 Minuten weich garen. Die Nudeln mit dem Knoblauchspinat bedecken.
2 Sahne mit dem Weißwein in die Pfanne geben. Zum Kochen bringen und die Hitze reduzieren. Ohne Deckel 5 Minuten köcheln lassen, bis die Sauce etwas eindickt. Vom Herd nehmen; geriebenen und zerkleinerten Käse, Salbei und weißen Pfeffer unterrühren.
3 Die Sauce über die Spinatnudeln gießen und 20 Minuten backen. Dazu frischen Gärtnersalat reichen.

Weißes Wintergemüse

Vorbereitungszeit:
5 Min.
Zubereitungszeit:
1 Std. 15 Min.
Für 4 Personen

8 kleine Kartoffeln, halbiert
2 mittelgroße Steckrüben, geputzt und in Stücke geschnitten
4 kleine Zwiebeln, halbiert
200 g Blumenkohlröschen
60 g Butter
⅓ Becher Weizenmehl
1 Dose Hühnerconsommé (425 ml)
375 ml Milch
½ Becher frisch geriebener Parmesankäse

1 Backofen auf 180 °C vorheizen. Kartoffeln, Steckrüben, Zwiebeln und Blumenkohl in einen gefetteten Schmortopf geben.
2 Butter in mittelgroßer Pfanne erhitzen; Mehl zufügen und bei schwacher Hitze 2 Minuten rühren, bis die Mischung eine goldgelbe Farbe annimmt.
3 Brühe und Milch nach und nach in die Pfanne geben und glattrühren. Die Sauce bei mittlerer Hitze 2 Minuten ständig weiterrühren, bis sie kocht und sämig wird.
4 Die Sauce über das Gemüse gießen, zudecken und 1 Stunde lang im Ofen backen. Mit Parmesankäse bestreuen und ohne Deckel 10 Minuten weitergaren, bis das Gemüse weich ist und der Käse eine goldbraune Kruste bildet.

Indischer Bohneneintopf

Vorbereitungszeit:
10 Min. + 2 Std. Ruhezeit
Zubereitungszeit:
1 Std. 35 Min.
Für 6 Personen

1 Becher Borlottibohnen
1 Becher Augenbohnen
1,5 l kochendes Wasser
1 EL Öl
2 Knoblauchzehen, zerdrückt
2 große Zwiebeln, gehackt
1 TL Kümmel, gemahlen
1 TL Koriander, gemahlen
4 Kardamomsamen
1 Stange Zimt
½ TL Kurkuma
½ TL Chilipulver
1 l Gemüsebrühe
250 ml Kokosmilch
1 Becher rote Linsen, gewaschen

SCHMORTÖPFE

Von oben links im Uhrzeigersinn: Weißes Wintergemüse, Dreikäsetopf mit Nudeln und Spinat, Indischer Bohneneintopf

1 Backofen auf 180 °C vorheizen. Borlotti- und Augenbohnen in eine große Schüssel geben und mit 1,5 l kochendem Wasser bedecken. 2 Stunden stehen lassen. Wasser abgießen und Bohnen abtropfen lassen.
2 Öl in einer schweren Pfanne erhitzen. Knoblauch, Zwiebeln, Kümmel, Koriander, Kardamom, Zimtstange, Kurkuma und Chili 2 Minuten dünsten, bis die Zwiebeln weich sind.
3 Bohnen mit Zwiebeln, Gewürzmischung, Brühe, Koskosmilch und roten Linsen in einen Schmortopf geben, zudecken und 1 ½ Stunden im Ofen backen. Bohnen und Linsen müssen die Flüssigkeit restlos aufnehmen und weich sein. Dazu schmecken Fladenbrot, Gemüse oder mit Kurkuma bzw. Safran gekochter Reis.

Fleischeintöpfe und Schmorbraten

Jede Landesküche besitzt ihre typischen und hervorragenden Eintopfgerichte, die nur einen geringen Aufwand an Zeit und Geld beanspruchen. Für einen modernen Haushalt sind Eintöpfe geradezu ideal, zumal sie sich problemlos auch für größere Tischrunden vor- und zubereiten lassen. Eintopf-Gerichte kocht man am besten einen Tag im voraus, ein Schmorbraten dagegen sollte direkt aus dem Ofen auf den Tisch kommen.

Kräuterbraten

Vorbereitungszeit:
8 Min.
Zubereitungszeit:
1 Std. 30 Min.
Für 4 – 6 Personen

1,5 kg Rindfleisch aus der
  Oberschale
1 EL Öl
8 Zweige frische Petersilie
8 Zweige frischer Rosmarin
8 Zweige frisches Basilikum
8 Zweige frischer Thymian
8 Frühlingszwiebeln
1 Dose Rinderconsommé
  (450 ml)
250 ml Rotwein
250 ml Wasser

1 Fleisch von überflüssigem Fett befreien. Öl in einem schweren Schmortopf erhitzen, Fleisch hineinlegen und rundherum scharf anbraten. Topf vom Herd nehmen.
2 Kräuter und Zwiebeln um das Fleisch verteilen. Vorsichtig mit Consommé, Wein und Wasser ablöschen. Topf wieder auf den Herd stellen, Temperatur herunterschalten und zugedeckt langsam bis zum Siedepunkt erhitzen.
1 ½ Stunden unter häufigem Wenden schmoren lassen. Fleisch herausnehmen und warmstellen.
3 Die im Topf verbleibende Flüssigkeit einkochen lassen, bis die Sauce etwas sämig wird, dann durchseihen.
4 Den Braten in Scheiben schneiden, mit Sauce und Zwiebeln servieren.

Kräuterbraten (oben), Chili-Kokosnuß-Rindfleisch

Fleischeintöpfe & Schmorbraten

Chili-Kokosnuß-Rindfleisch

Vorbereitungszeit:
10 Min.
Zubereitungszeit:
1 Std. 10 Min.
Für 4 Personen

500 g Bugstück vom Rind
1 EL Öl
8 Frühlingszwiebeln, in Ringe geschnitten
2 TL Ingwer, gerieben
2 rote Chillies, entkernt und kleingeschnitten
2 TL geriebene Zitronenschale
1 TL Zitronensaft
1 Knoblauchzehe, zerdrückt
4 EL Kokosraspel
1 EL Öl, zusätzlich
375 ml Wasser
250 ml Kokosmilch
1 TL Zucker
frisch gemahlener Pfeffer

1   Fleisch von Fett und Sehnen befreien und würfeln. Öl in einer schweren Pfanne erhitzen. Fleisch portionsweise scharf anbraten und auf Küchenpapier abtropfen lassen.
2   Frühlingszwiebeln, Ingwer, Chillies, Zitronenschale, Zitronensaft und Knoblauch in einer Schüssel mischen und beiseite stellen.
3   Kokosraspel in einer trockenen Pfanne unter ständigem Rühren goldbraun rösten. Aus der Pfanne nehmen.
4   In der gleichen Pfanne Öl erhitzen, die Zwiebelmischung zufügen und 5 Minuten dünsten. Raspel zugeben und 1 Minute weitergaren.
5   Fleisch, Wasser, Kokosmilch, Zucker in die Pfanne geben und mit Pfeffer abschmecken. Zum Kochen bringen, die Hitze reduzieren und ohne Deckel 1 Stunde lang unter häufigem Umrühren garen lassen. Dazu schmeckt gedämpfter Reis.

Hinweis: Die Sauce muß jeden Fleischwürfel rundherum dicht umhüllen. Sollte sie während des Garvorgangs zu sehr einkochen, etwas heißes Wasser nachfüllen.

Sahne-Pfeffer-Stew

Vorbereitungszeit:
10 Min.
Zubereitungszeit
1 Std. 10 Min.
Für 4 – 6 Personen

750 g Hochrippensteak
2 EL Weizenmehl
1 EL Öl
20 g Butter
3 kleine Zwiebeln, in Spalten geschnitten
1 Stangensellerie, in Scheiben geschnitten
1 EL grüne Pfefferkörner
½ TL Pimentpulver
1 große Möhre, in Scheiben geschnitten
2 mittelgroße Pastinaken, geschält und in Scheiben geschnitten
500 ml Rinderbrühe
125 ml Sahne

1   Fleisch von Fett und Sehnen befreien und in 2 cm große Würfel schneiden. Fleischstücke mit Mehl bestäuben. Öl und Butter in ausreichend großem, schwerem Topf erhitzen und das Fleisch portionsweise bei mittlerer bis starker Hitze rundherum scharf anbraten.
2   Fleischwürfel mit Zwiebeln, Sellerie, Pfefferkörnern, Piment, Möhren, Pastinaken und Brühe wieder in den Topf geben und zum Kochen bringen. Dann bei reduzierter Hitze zugedeckt 1 Stunde schmoren lassen, bis das Fleisch weich ist. Vom Herd nehmen, Sahne unterrühren und mit Nudeln und Salat anrichten.

Tex Mex Beef

Vorbereitungszeit:
10 Min.
Zubereitungszeit:
1 Std. 15 Min.
Für 6 Personen

1 kg Hochrippensteak
1 EL Öl
¼ Becher Weizenmehl

Fleischeintöpfe & Schmorbraten

Tex Mex Beef (oben), Sahne-Pfeffer-Stew (unten)

1 TL mexikanisches Chilipulver
2 Knoblauchzehen, gehackt
1 TL Kümmel, gemahlen
1 TL getrocknete Oreganoblätter
1 Prise Cayennepfeffer
750 ml Rinderbrühe
1 EL Rotweinessig
1 Dose Kidneybohnen (375 g), abgetropft
250 ml saure Sahne
Maischips
kleine rote Chillies

1 Fleisch von Fett und Sehnen befreien und kleinwürfeln. Öl in einer ausreichend hohen, schweren Pfanne erhitzen, Fleisch portionsweise scharf anbraten und auf Küchenpapier legen.

2 Fleischwürfel zusammen mit Mehl, Chilipulver, Knoblauch, Kümmel und Oregano wieder in die Pfanne geben, mit Cayennepfeffer abschmecken und 3 Minuten köcheln lassen.

3 Die Pfanne vom Herd nehmen, mit Brühe und Essig ablöschen. Wieder auf den Herd stellen, zum Kochen bringen und ohne Deckel 1 Stunde lang unter gelegentlichem Umrühren köcheln lassen.

4 Die Kidneybohnen in die Pfanne einrühren und 2 Minuten garen lassen. Mit saurer Sahne und Maischips servieren. Nach Belieben mit Chilischoten garnieren.

1. Für Italienischen Rinderschmorbraten: Marinade über das Fleisch gießen.

2. Fleisch in den Topf geben und bei mittlerer bis starker Hitze anbraten.

Italienischer Rinderschmorbraten

Vorbereitungszeit:
10 Min. + 4 Std. Ruhezeit
Zubereitungszeit:
1 Std. 45 Min.
Für 4 – 6 Personen

1,5 kg Rindfleisch
500 ml Weißweinessig
2 Knoblauchzehen, zerdrückt
1 Zweig frischer Thymian
1 TL schwarze Pfefferkörner
1 EL natives Olivenöl
250 ml Rotwein
2 EL brauner Zucker
125 ml Rinderbrühe
2 EL Aceto Balsamico
1 Dose passierte Tomaten (450 g)
1 große Aubergine, gewürfelt und gesalzen
80 g schwarze Oliven, entsteint
1 Dose Artischockenherzen (450 g), abgetropft

1 Fleisch von überflüssigem Fett befreien. Essig mit Knoblauch, Thymian und Pfefferkörnern vermischen, über das Fleisch gießen. Mit Haushaltsfolie abdecken und 4 Stunden im Kühlschrank marinieren lassen. Dann abtropfen und die Marinade wegschütten. Fleisch abtupfen und zum Trocknen auf Küchenpapier legen.
2 Öl in einem ausreichend hohen, schweren Topf erhitzen. Das Fleisch zufügen und rundherum bei mittlerer bis starker Hitze anbraten.
3 Topf von der Herdplatte nehmen. Wein, Zucker, Brühe, Aceto Balsamico und Tomaten zufügen, wieder auf die Platte stellen. Den Braten bei reduzierter Hitze zugedeckt langsam zum Kochen bringen und anschließend 1 ½ Stunden unter häufigem Wenden weiterschmoren. Fleisch aus dem Topf nehmen, zudecken und warm stellen.
4 Die Aubergine unter fließendem Wasser abspülen und in den Topf legen. Ohne Deckel 10 Minuten weitergaren. Oliven und Artischocken unterrühren und 2 Minuten mitgaren.
5 Den Braten aufschneiden, mit Gemüse, Oliven und Bratensauce anrichten und knuspriges italienisches Weißbrot dazu reichen.

> **Tip**
> Für Schmorbraten sind alle zarten, aromatischen Fleischstücke geeignet, im einzelnen sind dies:
> *Rind:* Oberschale, Keule, Unterschale.
> *Lamm:* Keule, Schulter, Haxe.
> *Kalb:* Schulter, gerollte Brust oder Nackenstück aus der Mitte.
> *Schwein:* Gerollter Vorderfuß oder Nacken, Spitzbein, Haxe.

Italienischer Rinderschmorbraten

3. Wein, Zucker, Rinderbrühe, Aceto Balsamico und Tomatenpüree darüber geben.

4. Oliven und Artischocken einrühren und 2 Minuten schmoren lassen. Sofort servieren.

Marokkanischer Lammeintopf

Vorbereitungszeit:
5 Min.
Zubereitungszeit:
1 Std. 5 Min.
Für 4 Personen

750 g Lammkeule, entbeint
1 EL Öl
500 ml Rinder- oder Hühnerbrühe
2 kleine Zwiebeln, geschnitten
½ Becher Backpflaumen, halbiert
½ Becher getrocknete Aprikosen, halbiert
1 TL Zimt, gemahlen
1 TL Ingwer, gemahlen
frisch gemahlener schwarzer Pfeffer
¼ Becher geröstete Mandelsplitter

1 Das Fleisch von Sehnen und Fett befreien und in 2 cm große Würfel schneiden. Öl in einer großen, schweren Pfanne erhitzen. Das Fleisch bei mittlerer bis starker Hitze portionsweise 2 Minuten scharf anbraten.
2 Brühe, Zwiebeln, Pflaumen, Aprikosen, Zimt und Ingwer in die Pfanne geben, mit Pfeffer abschmecken und zum Kochen bringen. Die Hitze reduzieren und zugedeckt 1 Stunde köcheln lassen, bis das Fleisch weich ist. Mit den Mandeln garnieren und mit Gemüse und Reis servieren.

Indisches Lammcurry

Vorbereitungszeit:
5 Min.
Zubereitungszeit:
45 Min.
Für 6 Personen

30 g Butterschmalz
1 Knoblauchzehe, zerdrückt
1 TL Ingwer, gerieben
1 EL Currypulver
2 mittelgroße Zwiebeln, grobgeschnitten
750 g Lammfilets, in Streifen geschnitten
½ TL Senfsamen
2 Stangen Sellerie, in Scheiben geschnitten
300 g Blumenkohlröschen
250 ml Rinderbrühe
1 TL Garam Masala
2 EL frischer Koriander, gehackt

1 Butterschmalz in einer großen, schweren Pfanne erhitzen. Knoblauch, Ingwer, Currypulver und Zwiebeln in der Pfanne bei mittlerer Hitze 3 Minuten andünsten, bis die Zwiebeln weich sind.
2 Die Lammstreifen zufügen, gut mit der Currymischung verrühren und 5 Minuten garen lassen.
3 Senfsamen, Sellerie, Blumenkohl und Rinderbrühe zufügen und zum Kochen bringen. Dann Hitze reduzieren und zugedeckt 30 Minuten unter häufigem Wenden köcheln lassen, bis das Fleisch weich ist.
4 Kurz vor dem Servieren Garam Masala unterrühren und mit Koriander garnieren. Dazu schmeckt gedämpfter Reis.

Lammbraten mit Tomaten

Vorbereitungszeit:
10 Min.
Zubereitungszeit:
1 Std. 50 Min.
Für 6 Personen

1 Lammkeule à 1,6 kg
1 EL Öl
1 Dose Tomaten (450 g), zerkleinert
125 ml Rotwein
4 schwarze Pfefferkörner
1 EL frische Rosmarinblätter
1 EL Worcestersauce
8 kleine Kartoffeln, gepellt und halbiert
8 mundgerechte Kürbisstücke
8 Rosenkohlröschen

1 Das Lammfleisch von Fett befreien. Öl in einer hohen, schweren Pfanne erhitzen. Fleisch zufügen und bei mittlerer bis starker Hitze rundherum scharf anbraten, bis es schön gebräunt ist.

FLEISCHEINTÖPFE & SCHMORBRATEN

Von oben im Uhrzeigersinn: Lammbraten mit Tomaten, Marokkanischer Lammeintopf, Indisches Lammcurry

---

2 Pfanne vom Herd nehmen. Tomaten, Wein, Pfefferkörner, Rosmarin und Worcestersauce zufügen. Wieder auf die Platte stellen, die Hitze reduzieren. Zugedeckt langsam erhitzen und 1 ½ Stunden unter häufigem Wenden schmoren lassen.

3 Kartoffeln und Kürbis zufügen und weitere 15 Minuten garen. Zum Schluß den Rosenkohl zugeben und noch 5 Minuten mitkochen.

4 Fleisch aufschneiden oder im ganzen auf einer Platte mit Gemüse und Bratensaft servieren.

TIP
Verwenden Sie eine Pfanne mit gut passendem Deckel, oder bedecken Sie die Pfanne mit Alufolie, die Sie am Rand einschlagen, bevor Sie den Deckel obenauflegen.

Leckeres aus einem Topf

Scharfes Lamm mit Koriander

Vorbereitungszeit:
10 Min.
Zubereitungszeit:
1 Std. 10 Min.
Für 6 Personen

1 kg Lammkeule
1 EL Olivenöl
2 kleine Zwiebeln, in Ringe geschnitten
2 Knoblauchzehen, zerdrückt
1 EL Ingwer, gemahlen
1 EL Koriander, gemahlen
2 TL Kümmel, gemahlen
1 TL Kurkuma
⅓ Becher frischer Koriander, feingeschnitten
frisch gemahlener schwarzer Pfeffer
500 ml Hühnerbrühe

1 Fleisch von überflüssigem Fett und Sehnen befreien. Öl in einer ausreichend großen, schweren Pfanne erhitzen und das Fleisch portionsweise bei mittlerer bis starker Hitze 2 Minuten scharf anbraten. Auf Küchenpapier abtropfen lassen.
2 Zwiebeln und Knoblauch in die Pfanne geben und 2 Minuten mitbräunen. Dann alle übrigen Zutaten außer Hühnerbrühe und Fleisch zugeben.

3 Das Fleisch mit der Brühe zufügen und zum Kochen bringen. Dann die Hitze reduzieren und zugedeckt 1 Stunde schmoren lassen. Dazu gedämpften Reis und Gemüse reichen.

Bauerneintopf mit Huhn

Vorbereitungszeit:
10 Min.
Zubereitungszeit:
50 Min.
Für 4 Personen

1 EL Öl
500 g Hühnerfilets, halbiert
375 ml Hühnerbrühe
2 mittelgroße Möhren, in Scheiben geschnitten
250 g kleine neue Kartoffeln, halbiert
½ TL Pimentpulver
2 Lorbeerblätter
2 mittelgroße Lauchstangen, in Ringe geschnitten
8 kleine Kürbisse, halbiert
1 TL gemahlener schwarzer Pfeffer
80 ml saure Sahne

1 Das Öl in einer ausreichend großen, schweren Pfanne erhitzen und das Hühnerfleisch darin portionsweise bei mittlerer bis starker Hitze rundherum scharf anbraten.
2 Hühnerbrühe, Möhren, Kartoffeln, Pimentpulver und Lorbeerblätter in die Pfanne rühren und zum Kochen bringen. Die Hitze reduzieren und zugedeckt 30 Minuten schmoren lassen.
3 Kürbishälften und Lauch zufügen und noch 10 Minuten garen.
4 Lorbeerblätter herausnehmen. Pfeffer und saure Sahne einrühren und 1 Minute mitgaren. Dazu Nudeln oder knuspriges Brot servieren.

Hinweis: Nach dem Schneiden die Lauchstangen mit warmem Wasser gut abwaschen, um den Schmutz zwischen den Blättern zu entfernen.

TIP
Zu Schmortöpfen und Braten schmeckt Knoblauchbrot hervorragend: Stangenweißbrot mit schrägen Einschnitten versehen und mit einer weichen Knoblauch-Kräuterbutter bestreichen. Das Brot in Alufolie wickeln und im Backofen bei mäßiger Hitze (180 °C) backen, bis es durch und durch heiß und die Butter zerlaufen ist.

Bauerneintopf mit Huhn (oben), Scharfes Lamm mit Koriander (unten)

Leckeres aus einem Topf

Süßes Hühnercurry

*Vorbereitungszeit:
5 Min.
Zubereitungszeit:
30 Min.
Für 4 Personen*

*500 g Hühnerbrustfilets
2 TL Öl
⅓ Becher abgezogene Mandeln
1 EL grüne Currypaste (siehe Hinweis)
¼ TL gemahlene Kurkuma
1 Dose Ananas in Stücken (375 g); Saft abgießen und aufbewahren
1 mittelgroßer roter Paprika, kleingeschnitten
3 kleine Zucchini, in Scheiben geschnitten
⅓ Becher Johannisbeeren*

1 Hühnerbrust würfeln. Öl in schwerem Topf erhitzen und Mandeln, Currypaste und Kurkuma zufügen. 2 Minuten unter Rühren garen, dann das Fleisch zugeben und 5 Minuten weiterrühren.
2 Den Ananassaft dazugießen und aufkochen lassen. Hitze reduzieren und zugedeckt 15 Minuten köcheln lassen.

Von links oben im Uhrzeigersinn: Scharf gewürztes Brathuhn mit braunem Reispilaw, Scharf gewürzter Hühnertopf, Würziges Hühnerragout (Seiten 30 & 31) und Süßes Hühnercurry

1. Würziges Hühnerragout: Hühnerteile portionsweise rundherum anbraten.

2. Aus der Pfanne nehmen und auf Küchenpapier abtropfen lassen.

3 Ananas, Zucchini, Paprika und Johannisbeeren zufügen. Ohne Deckel nochmals 5 Minuten garen lassen. Dazu paßt Reis.

Hinweis: Currypaste erhalten Sie in Supermärkten und Asien-Läden.

Würziges Hühnerragout

Vorbereitungszeit:
  5 Min.
Zubereitungszeit:
  40 Min.
Für 4 Personen

1 EL Öl
1,5 kg Huhn, in Stücke zerteilt
1 Dose Tomaten (450 g), zerkleinert
1 EL Worcestersauce
1 TL Kümmel, gemahlen
60 ml Rotwein
2 EL Tomatenmark
¼ TL Tabasco
125 ml Hühnerbrühe

250 g Champignons
300 g Brokkoliröschen

1 Öl in einer ausreichend großen, schweren Pfanne erhitzen. Hühnerfleisch portionsweise bei mittlerer bis starker Hitze scharf anbraten, bis alle Stücke schön gebräunt sind. Auf Küchenpapier abtropfen lassen.
2 Tomaten, Worcestersauce, Kümmel, Wein, Tomatenmark, Tabasco und Brühe in die Pfanne geben und aufkochen. Hitze reduzieren und zugedeckt 35 Minuten unter wiederholtem Rühren schmoren lassen, bis das Hühnerfleisch weich ist.
3 Champignons und Brokkoli untermischen und ohne Deckel das Gemüse noch 5 Minuten mitschmoren lassen. Dazu schmeckt Reis.

Hinweis: Je nach gewünschtem Schärfegrad mit Tabasco abschmecken.

Scharf gewürzter Hühnertopf

Vorbereitungszeit:
  10 Min.
Zubereitungszeit:
  30 Min.
Für 6 Personen

2 TL Olivenöl
4 scharfe italienische Würste
1 große Zwiebel, gehackt
1 mittelgroßer roter Paprika, kleingeschnitten
1 mittelgroßer grüner Paprika, kleingeschnitten
1 Knoblauchzehe, zerdrückt
300 g Champignons, halbiert
1 Dose Tomaten (450 g), zerkleinert
125 ml trockener Weißwein
125 ml Hühnerbrühe
1 TL getrockneter Oregano
1 TL getrockneter Majoran
frisch gemahlener
  schwarzer Pfeffer
1 großes gegrilltes Hähnchen, in 8 Stücke zerteilt

FLEISCHEINTÖPFE & SCHMORBRATEN

3. Mit Worcestersauce, Kümmel, Wein, Tomatenmark, Tabasco und Brühe auffüllen.

4. Champignons und Brokkoli in die Pfanne geben und 5 Minuten schmoren lassen.

1 Das Öl in einem großen, schweren Topf erhitzen. Die Würste bei mittlerer bis starker Hitze 5 Minuten scharf anbraten, bis sie rundherum gebräunt sind; auf Küchenpapier abtropfen lassen. Fett abgießen.
2 Zwiebeln, Paprika und Knoblauch in den Topf geben und 5 Minuten garen. Champignons hinzufügen und weitere 3 Minuten garen. Würste schräg in 2 cm dicke Scheiben schneiden.
3 Die in Scheiben geschnittene Wurst mit Tomaten, Weißwein, Hühnerbrühe, Oregano und Majoran verrühren, mit Pfeffer abschmecken und zum Kochen bringen. Hitze reduzieren und ohne Deckel 10 Minuten schmoren lassen, bis die Flüssigkeit einkocht. Das zerkleinerte Hähnchen zufügen und 5 Minuten im Topf erhitzen. Eventuell mit gehackter Petersilie garnieren. Dazu schmeckt knuspriges Brot.

Scharf gewürztes Brathuhn mit Reispilaw

Vorbereitungszeit:
5 Min.
Zubereitungszeit:
1 Std. 40 Min.
Für 4 – 6 Personen

1 Hühnchen à 1,5 kg
2 EL Pflanzenöl
125 ml Hühnerbrühe
1 Lorbeerblatt
1 Knoblauchzehe, zerdrückt
1 EL Öl, zusätzlich
1 große Zwiebel, feingehackt
1 ¼ Becher Naturreis
3 ganze Gewürznelken
1 TL Kurkuma
½ TL Kardamom, gemahlen
250 ml Rindfleischbrühe
2 TL Tomatenmark
frisch gemahlener schwarzer Pfeffer
3 Frühlingszwiebeln, feingehackt

1 Öl in einer großen Kasserolle erhitzen und das Hühnchen rundherum anbraten.
2 Kasserolle vom Herd nehmen. Brühe, Lorbeerblatt und Knoblauch hinzufügen, wieder auf die Platte stellen, langsam erhitzen und 20 Minuten schmoren lassen.
3 Für den Reispilaw das restliche Öl in einer Pfanne erhitzen und die Zwiebel andünsten. Reis und Gewürze zufügen und 2 Minuten anbraten. Dann mit Brühe, Tomatenmark und Pfeffer zum Kochen bringen.
4 Reis und die Flüssigkeit rund um das Hühnchen verteilen und zugedeckt 1 Stunde schmoren lassen, bis der Reis die Flüssigkeit restlos aufgenommen hat. Nach 45 Minuten die Frühlingszwiebeln dazugeben.
5 Das Hühnchen auf ein Brett legen und zerteilen. Mit dem Reispilaw auf einer Platte anrichten.

LECKERES AUS EINEM TOPF

Schweinebraten mit Äpfeln

Vorbereitungszeit:
10 Min.
Zubereitungszeit:
1 Std. 10 Min.
Für 4 – 6 Personen

1,5 kg Schweineschulter, entbeint
1 EL Öl
250 ml Hühnerbrühe
2 EL Honig
¼ TL Zimt, gemahlen
250 ml Apfelsaft oder Cidre
1 Zitronenschale, in Streifen geschnitten
3 Äpfel, geschält, entkernt und geachtelt
2 TL Maismehl
1 EL Wasser

1 Das Fleisch von überflüssigem Fett befreien und mit Küchengarn zusammenbinden. Öl in einem hohen, schweren Topf erhitzen, Fleisch bei mittlerer bis starker Hitze anbraten, bis es rundherum gebräunt ist.
2 Den Topf von der Platte nehmen. Brühe, Honig, Zimt, Apfelsaft und Zitronenschale hinzugeben und wieder auf die Platte stellen. Zugedeckt bei schwacher Hitze allmählich zum Kochen bringen und den Braten unter häufigem Wenden 1 Stunde weich schmoren.
3 Apfelscheiben zufügen und 8 Minuten garen.
Fleisch und Äpfel aus dem Topf nehmen, auf einer Platte anrichten und warm stellen.
4 Maismehl mit Wasser verrühren. Die Mischung in den Topf geben und bei höherer Hitze rühren, bis die Sauce sämig wird.
Fleisch in Scheiben schneiden, mit Äpfeln und Sauce servieren.

Schweinefleisch in Zitronen-Sahne-Sauce

Vorbereitungszeit:
10 Min.
Zubereitungszeit:
40 Min.
Für 4 Personen

750 g gewürfeltes Schweinefleisch, Filet oder Lendenstück
20 g Butter
185 g Champignons, in Scheiben geschnitten
250 ml Hühnerbrühe
1 EL Weizenmehl
125 ml Sahne
1 EL Zitronensaft
frisch gemahlener schwarzer Pfeffer
½ kleine Zitrone, in kleine Spalten geschnitten
frische Petersilie, gehackt

1 Fleisch von Sehnen und überflüssigem Fett befreien. Butter in einer schweren Pfanne erhitzen und Fleischwürfel portionsweise bei mittlerer bis starker Hitze rundherum anbraten. Auf Küchenpapier abtropfen lassen.
2 Champignons in die Pfanne geben und 2 Minuten garen. Fleisch zufügen, mit Brühe ablöschen und zum Kochen bringen. Hitze reduzieren und mit geschlossenem Deckel unter häufigem Rühren 30 Minuten schmoren lassen.
3 Mehl mit Sahne verrühren und dazugeben. Temperatur erhöhen und rühren, bis die Sauce eindickt.
2 Minuten schmoren lassen. Mit Zitronensaft und Pfeffer abschmecken, mit Zitronenspalten garnieren und Petersilie darüber streuen.
Dazu schmecken Nudeln.

> **TIP**
> Fleischstücke langsam bräunen, bis sie rundherum karamelisiert sind, damit die Aromastoffe besser zur Entfaltung kommen und das Fleisch saftig bleibt. Das feste Gewebe kann nur durch langsames Schmoren aufweichen. Also stets rechtzeitig die Hitze reduzieren, damit der Braten nicht kocht und zäh wird!

Schweinefleisch in Zitronen-Sahne-Sauce (oben),
Schweinebraten mit Äpfeln (unten)

Fleischeintöpfe & Schmorbraten

LECKERES AUS EINEM TOPF

Rotes Schweinefleischcurry

Vorbereitungszeit:
10 Min.
Zubereitungszeit:
25 Min.
Für 6 Personen

1 EL Öl
1 EL rote Chilipaste
500 g mageres Schweinefleisch, in dünne Streifen geschnitten
250 ml Kokosmilch
1 mittelgroße Aubergine, feingewürfelt
½ Becher Bambussprossen, kleingeschnitten
10–15 frische Basilikumblätter
2 Zitronenblätter
2 EL Fischsauce
sehr frische Basilikumblätter oder in Streifen geschnittene und entkernte rote Chilischoten

1 Öl in einer schweren Pfanne erhitzen und die Chilipaste bei mittlerer Hitze 5 Minuten einrühren, bis es duftet. Das Fleisch hinzufügen und 5 Minuten rühren, bis es schön gebräunt ist.
2 Kokosmilch mit Auberginenwürfeln, Bambussprossen, Basilikum, eventuell Zitronenblättern und Fischsauce zum Kochen bringen. Die Hitze reduzieren und unter häufigem Umrühren zugedeckt 15 Minuten schmoren lassen.
3 Mit Basilikum oder Chilischoten garnieren. Dazu schmeckt Reis.

Hinweis: Chilipaste, Zitronenblätter und Fischsauce sind in Asien-Läden erhältlich.

Bauerneintopf mit Wurst

Vorbereitungszeit:
4 Min.
Zubereitungszeit:
18 Min.
Für 4 Personen

*8–10 dünne Schweinswürste
2 TL Öl
2 kleine Stangen Lauch, in feine Ringe geschnitten
1 Dose passierte Tomaten (450 g)
60 ml Wasser
2 EL Rotwein
2 mittelgroße Möhren, gehobelt
2 Stangen Sellerie, feingeschnitten
2 EL frische Petersilie, feingehackt*

1 Den Grill vorheizen und die Würste rundherum mit einer Gabel einstechen. 6 Minuten bei mittlerer Hitze unter Wenden rösten. Auf Küchenpapier abtropfen lassen. Die Würste halbieren.

*Bauerneintopf mit Wurst (oben),
Rotes Schweinefleischcurry (unten)*

2 Öl in einer Pfanne erhitzen. Lauchringe zufügen und 3 Minuten unter ständigem Rühren dünsten. Passierte Tomaten, Wasser, Wein, Möhren und Sellerie zugeben und zum Kochen bringen. Die Hitze reduzieren und ohne Deckel unter häufigem Rühren 5 Minuten garen lassen.
3 Würste in die Pfanne geben. 2 Minuten erhitzen. Mit Petersilie bestreuen. Dazu schmeckt Kartoffelpüree oder Reis.

Ratatouille

Vorbereitungszeit:
10 Min.
Zubereitungszeit:
25 Min.
Für 4 Personen

2 EL Olivenöl
2 mittelgroße Zwiebeln, grobgeschnitten
2 mittelgroße Zucchini, grobgewürfelt
1 kleiner roter Paprika, in Streifen geschnitten
1 kleiner grüner Paprika, in Streifen geschnitten
1 kleiner gelber Paprika, in Streifen geschnitten
2 Knoblauchzehen, zerdrückt
1 mittelgroße Aubergine, halbiert
1 Dose Tomaten (450 g), zerkleinert
½ TL getrocknetes Basilikum oder Oregano
frisch gemahlener schwarzer Pfeffer

1 EL frische Petersilie, feingehackt

1 Das Öl in einer ausreichend großen, schweren Pfanne erhitzen und die Zwiebeln 4 Minuten bei mittlerer Hitze dünsten. Zucchini, Paprika und Knoblauch zufügen und 3 Minuten rühren.
2 Die Aubergine in Scheiben schneiden, mit Tomaten, Basilikum oder Oregano und Pfeffer in die Pfanne geben und zum Kochen bringen. Dann die Hitze reduzieren und zugedeckt 15 Minuten schmoren lassen, bis das Gemüse gar ist. Mit Petersilie bestreuen. Dazu schmeckt knuspriges Brot.

Vegetarisches Curry

Vorbereitungszeit:
10 Min.
Zubereitungszeit:
35 Min.
Für 6 Personen

1 EL Öl
2 Zwiebeln, gehackt
1 EL frischer Ingwer, gerieben
2 Knoblauchzehen, zerdrückt

2 TL Currypulver
2 TL grüne Currypaste (siehe Hinweis)
1 TL Kümmel, gemahlen
2 Dosen Tomaten (à 450 g), zerkleinert
¼ Becher Tomatenmark
½ Becher süßes Fruchtchutney
¼ Becher Erdnußbutter
1 Dose Kokoscreme (400 ml)
375 g Winterkürbis, gewürfelt
1 mittelgroße Möhre, gewürfelt
125 g frische Bohnen, geschnitten
125 g gelber oder grüner Sommerkürbis, gewürfelt
125 g Blumenkohlröschen
2 mittelgroße Kartoffeln, gepellt und gewürfelt
1 Dose Wachsbohnen (300 g)

1 Das Öl in einem ausreichend großen, schweren Topf erhitzen. Zwiebeln, Ingwer und Knoblauch bei mittlerer Hitze 3 Minuten garen. Currypulver, Currypaste und Kümmel einrühren und 2 Minuten garen, bis ein intensiver Duft entsteht.
2 Restliche Zutaten unterrühren und zum Kochen bringen. Hitze reduzieren und zugedeckt 30 Minuten schmoren lassen. Dazu schmeckt gedämpfter Reis.

Hinweis: Currypaste ist in Asien-Läden erhältlich.

Vegetarisches Curry (oben), Ratatouille (unten)

Fleischeintöpfe & Schmorbraten

Schnelle Gerichte

Auch in der Küche spielt der Zeitfaktor heute eine Rolle. Die folgenden Rezepte haben ihren Ursprung in Italien, Spanien und Frankreich. Dort haben erfinderische Köche bereits Varianten der klassischen Küche auf der Basis von Reis, Nudeln und Eiern entwickelt, die weniger zeitraubend, aber ebenso schmackhaft sind. Auch die Verwendung fertiger Zutaten wie Pesto aus dem Glas oder Tomaten aus der Dose verringert den Zeitaufwand.

Penne mit Tomaten-Sahne-Pesto

Vorbereitungszeit:
  5 Min.
Zubereitungszeit:
  18 Min.
Für 4 Personen

375 g Penne
2 TL Öl
200 g Pilze, geschnitten
200 ml saure Sahne
½ Becher Pesto
⅓ Becher getrocknete
  Tomaten, zerkleinert
frisch gemahlener
  schwarzer Pfeffer

1 Pasta in einen Topf mit sprudelndem Wasser geben und mit einem Schuß Öl kochen. Wasser abgießen und abtropfen lassen.

2 Den Topf wieder auf den Herd stellen, Öl hineingeben und erhitzen. Pilze zufügen und 4 Minuten weich und goldgelb dünsten. Saure Sahne, Pesto, Tomaten und Pfeffer einrühren. Gut vermischen und 2 Minuten kochen lassen, bis die Sauce heiß ist.

3 Die Nudeln wieder in den Topf geben und alles gut vermischen. Unter Umrühren 1 Minute erhitzen und sofort mit knusprigen Brotscheiben servieren.

Hinweis: Pesto ist im Glas in Supermärkten und Feinkostläden erhältlich. Man kann ihn aber auch selbst herstellen (Rezept Seite 61).

Spiralnudeln mit Räucherlachs (oben), Penne mit Tomaten-Sahne-Pesto (unten)

Schnelle Gerichte

Spiralnudeln mit Räucherlachs

Vorbereitungszeit:
 4 Min.
Zubereitungszeit:
 18 Min.
Für 4 Personen

375 g Spiralnudeln
6 Scheiben (100g) Räucherlachs
60 ml Zitronensaft
250 ml saure Sahne
2 EL frischer Schnittlauch, feingehackt
⅓ Becher Mandeln, abgezogen und geröstet
Oliven und Dill

1 Nudeln in einem großen Topf mit kochendem Wasser und einem Schuß Öl gar kochen, in einem Sieb abtropfen lassen.
2 Den Topf wieder auf die Herdplatte stellen. Kleingeschnittenen Lachs, Zitronensaft, saure Sahne, Schnittlauch und Mandeln hineingeben und 2 Minuten unter Rühren bei starker Hitze kochen.
3 Die Nudeln unterheben und unter ständigem Rühren noch 1 Minute lang erhitzen. Mit Oliven und Dill garnieren und sofort servieren. Dazu schmeckt Tomatensalat.

Frittata mit Hühnchen und Spargel

Vorbereitungszeit:
 10 Min.
Zubereitungszeit:
 10 Min.
Für 4 Personen

30 g Butter
4 Frühlingszwiebeln, feingeschnitten
6 Eier, leicht verschlagen
250 ml Milch
2 TL körniger Senf
1 ½ Becher gegartes Hühnerfleisch, kleingeschnitten
frisch gemahlener schwarzer Pfeffer nach Belieben
1 Dose Spargel (350 g)
¾ Becher geriebener Emmentaler

1 Frühlingszwiebeln mit Butter in einer großen Pfanne erhitzen und 1 Minute lang unter Rühren glasig dünsten. Eier, Milch und körnigen Senf mit dem Schneebesen verschlagen.
2 Das mit Pfeffer abgeschmeckte Hühnerfleisch unterrühren, die Eiermischung über die Zwiebeln in der Pfanne gießen und die Frittata bei schwacher Hitze 8 Minuten garen lassen.
3 Den Grill vorheizen. Frittata mit Spargel belegen und mit geriebenem Käse bestreuen. 2 Minuten unter den Grill schieben, bis der Käse goldgelb wird. Mit frischem Eisbergsalat servieren.

Hinweis: Frittata schmeckt sowohl warm als auch kalt.

Frittata mit Hühnchen und Spargel

1. Für die Frittata mit Hühnchen: Frühlingszwiebeln in der Pfanne dünsten.

2. Eier, Milch und körniger Senf in eine ausreichend große Schüssel geben und mischen.

Schnelle Gerichte

3. Die Eiermischung in der Pfanne bei schwacher Hitze stocken lassen.

4. Den Spargel auf der Frittata verteilen und mit geriebenem Käse bestreuen.

Leckeres aus einem Topf

Schnelle Gerichte

Frittata mit Lachs und Kräutern

Vorbereitungszeit:
4 Min.
Zubereitungszeit:
8 Min.
Für 4 Personen

6 Eier, leicht verschlagen
125 ml Milch
125 ml Sahne
1 EL frischer Schnittlauch, feingehackt
1 EL frisches Basilikum, feingehackt
1 EL frischer Dill, feingehackt
1 EL geriebene Zitronenschale
200 g vorgegarter Lachs
100 g Camembert, in Stücke geschnitten

1 Eier, Milch, Sahne, Gewürze und Zitronenschale in einer Schüssel mit dem Schneebesen verschlagen und den leicht zerteilten Lachs unterheben.
2 Die Mischung in eine gefettete Bratpfanne geben und mit dem Camembert bedecken. Bei schwacher Hitze 5 Minuten garen, bis die Eier fast gestockt sind.
3 Den Grill vorheizen. Die Frittata 2 Minuten unter den Grill stellen, bis sich eine goldgelbe Kruste bildet. Mit Toast servieren.

Fettuccine mit Pfeffer und Kräutern

Vorbereitungszeit:
2 Min.
Zubereitungszeit:
18 Min.
Für 4 Personen

400 g Fettuccine
60 g Butter
2 Knoblauchzehen, zerdrückt
2 EL frischer Salbei, feingehackt
2 EL frisches Basilikum, feingehackt
2 EL frischer Oregano, feingehackt
2 TL schwarzer Pfeffer, grobgemahlen
⅓ Becher frisch geriebener Parmesankäse

1 Die Nudeln in einem Topf mit kochendem Wasser und einem Schuß Öl „al dente" kochen; abgießen und abtropfen lassen.
2 Den Topf wieder auf die Herdplatte stellen. Butter bei mittlerer Hitze 2 Minuten erhitzen, bis sie schäumt. Dann Knoblauch, Pfeffer und Gewürze einrühren.
3 Nudeln wieder in den Topf geben und gut miteinander mischen. Unter Rühren noch 2 Minuten erhitzen und sofort servieren. Mit Parmesankäse bestreuen.

Fettuccine mit Käse und Walnußsauce

Vorbereitungszeit:
2 Min.
Zubereitungszeit:
12 Min.
Für 4 – 6 Personen

500 g Fettuccine
125 ml Weißwein
100 g Blauschimmelkäse, zerdrückt
½ Becher Cheddar, gerieben
1 Knoblauchzehe, zerdrückt
ca. 300 ml saure Sahne
frisch gemahlener schwarzer Pfeffer nach Belieben
½ Becher gehackte Wal- oder Pekannüsse
2 EL Walnüsse, zusätzlich

1 Die Nudeln in einen großen Topf mit kochendem Wasser geben und mit einem Schuß Öl „al dente" kochen. Abgießen und Nudeln abtropfen lassen.
2 Den Topf zurück auf die Herdplatte stellen und Wein, beide Käsesorten, Knoblauch und Sahne hineingeben. Mit Pfeffer abschmecken. Aufkochen, Hitze reduzieren und 5 Minuten ohne Deckel ziehen lassen. Die gehackten Nüsse zufügen und umrühren.
3 Nudeln wieder in den Topf geben und alles gut verrühren. Unter Rühren 1 Minute weitergaren lassen. Sofort servieren und mit den restlichen Nüssen garnieren.

Im Uhrzeigersinn von links oben: Fettuccine mit Pfeffer und Kräutern, Fettuccine mit Käse und Walnußsauce, Frittata mit Lachs und Kräutern

Käse-Schinken-Omelett

Vorbereitungszeit:
4 Min.
Zubereitungszeit:
6 Min.
Für 4 Personen

4 Scheiben Frühstücks-
 speck, gewürfelt
4 Eier, leicht verschlagen
125 ml Milch
1 TL schwarzer Pfeffer,
 gemahlen
½ TL Muskatnuß, gerieben
30 g Butter
2 EL Cheddar, gerieben
2 kleine Tomaten,
 in Scheiben geschnitten

1 Frühstücksspeck knusprig braten, beiseite stellen.
2 Eier, Milch, Pfeffer und Muskatnuß mit dem Schneebesen verschlagen. Butter in einer Omelettpfanne bei mittlerer Temperatur erhitzen, Eiermischung hineingeben und 4 Minuten stocken lassen.
3 Käse über das Omelett streuen und schmelzen lassen. Mit Speck und Tomate belegen. Mit grünem Salat und warmen, gebutterten Toastscheiben servieren.

> **TIP**
> Gegrillte Aubergine: in Scheiben schneiden, salzen, eine Stunde beiseite stellen. Abspülen, mit Olivenöl bestreichen und goldbraun grillen.

Spaghetti Carbonara

Vorbereitungszeit:
4 Min.
Zubereitungszeit:
10 Min.
Für 4 – 6 Personen

500 g Spaghetti
30 g Butter
4 Frühlingszwiebeln, feingehackt
4 Scheiben (375 g) gekochter Beinschinken, in Streifen geschnitten
300 ml Sahne
3 Eier, leicht verschlagen
½ Becher frisch geriebener
 Parmesankäse
1 TL Pfeffer, gemahlen
2 EL Schnittlauch oder
 Petersilie, feingehackt

1 Nudeln „al dente" garen und abtropfen lassen.
2 Topf wieder auf die Herdplatte stellen und Butter darin erhitzen. Zwiebeln und Schinkenstreifen zufügen und unter Rühren 2 Minuten garen lassen. Sahne einrühren und aufkochen lassen; dann Hitze reduzieren und ohne Deckel 2 Minuten köcheln lassen.
3 Die verschlagenen Eier, Käse und Pfeffer dazugeben und gut verrühren. Dann Nudeln hineingeben und unter Rühren bei schwacher Hitze 2 Minuten ziehen lassen, bis sie wieder heiß sind. Mit Schnittlauch oder Petersilie garnieren und sofort servieren.

Frittata mit Spinat

Vorbereitungszeit:
2 Min.
Zubereitungszeit:
30 Min.
Für 4 Personen

6 Eier, leicht verschlagen
250 ml Milch
1 Packung (250 g) Tief-
 kühlspinat, aufgetaut
1 Zwiebel, gehackt
1 Knoblauchzehe, zerdrückt
½ Becher geriebener Ched-
 dar
½ Becher geriebener Par-
 mesan
1 EL frische Petersilie, feingehackt
frisch gemahlener schwar-
 zer Pfeffer

1 Backofen auf 180 °C vorheizen. Die Eier mit der Milch verschlagen. Das Wasser aus dem aufgetauten Spinat drücken.
2 Spinat, Zwiebel, Knoblauch, beide Käsesorten und Petersilie unter die Eiermischung rühren. Mit Pfeffer abschmecken.
3 In eine gefettete Backform (23 cm) geben und 30 Minuten goldgelb backen. Schmeckt warm ebenso gut wie kalt. In Stücke schneiden und mit knusprigem Vollkornbrot servieren.

Im Uhrzeigersinn von oben: Käse-Schinken-Omelett, Frittata mit Spinat, Spaghetti Carbonara

SCHNELLE GERICHTE

Paella mit Meeresfrüchten

Vorbereitungszeit:
10 Min.
Zubereitungszeit:
25 Min.
Für 8 Personen

2 TL Olivenöl
250 g Schweinefleisch, gewürfelt
2 kleine Zwiebeln, gehackt
2 Knoblauchzehen, zerdrückt
2 kleine Tomaten, abgezogen, entkernt und in Stücke geschnitten
2 Cabanossi-Würste, in Scheiben geschnitten
2 TL Olivenöl, zusätzlich
3 Becher Langkornreis
500 ml Wasser
250 ml Weißwein
¼ TL Kurkuma
500 g Garnelen, ohne Darm, mit Schwanz
500 g Muscheln, geputzt
2 große Kalmarmäntel, in Stücke geschnitten
1 Dose Krabbenfleisch (200 g), abgetropft
½ Becher Tiefkühlerbsen

1 Öl in einer großen Pfanne erhitzen, Fleisch, Zwiebeln, Knoblauch, Tomaten und Wurst zufügen. Unter Rühren Fleisch 5 Minuten garen lassen. Aus der Pfanne nehmen.
2 Nun das restliche Öl erhitzen. Reis zufügen und 1 Minute lang rühren. Mit Wasser und Wein auffüllen und die Pfanne abdecken.
3 Einmal aufkochen lassen, umrühren, die Temperatur herunterschalten und 10 Minuten garen lassen, bis der Reis die Flüssigkeit nahezu restlos aufgenommen hat und weich ist.
4 Kurkuma, Garnelen, Muscheln, Kalmarstücke und Erbsen 5 Minuten in der Pfanne köcheln lassen und das Schweinefleisch noch einmal zum Aufwärmen zugeben.

Tomatenrisotto mit Käse

Vorbereitungszeit:
10 Min.
Zubereitungszeit:
30 Min.
Für 4 Personen

1 ½ Becher Naturreis
1 l Tomatensaft
375 ml Hühnerbrühe
30 g Butter
1 mittelgroße Stange Lauch, feingeschnitten
2 mittelgroße Zucchini, gewürfelt
250 g geriebener Cheddar

1 Den Naturreis 10 Minuten in kaltem Wasser einweichen und kalt abspülen; abtropfen lassen.
2 Den Reis mit Tomatensaft und Brühe in einen ausreichend großen Topf geben und gut schließen.
3 Langsam zum Kochen bringen; einmal umrühren. Die Hitze reduzieren und zugedeckt 12 Minuten garen lassen, bis die Flüssigkeit fast eingekocht und der Reis weich ist.
4 Die Butter in einem Topf erhitzen. Lauch und Zucchini zufügen und bei mittlerer Hitze unter Rühren goldgelb dünsten. Das Gemüse über den Reis geben, gut vermischen und ohne Deckel unter häufigem Rühren 15 Minuten fertig garen. Mit geriebenem Käse bestreuen.

Hinweis: Ungeschälter Reis benötigt wegen seiner harten Schalen eine längere Garzeit als weißer Reis.

> **TIP**
> Erntefrische, reife Tomaten sind reich an Vitamin A und C, und sie enthalten viel Kalium. Tomaten aus dem Gewächshaus enthalten nur halb soviel Vitamin C. Die Vitamine sind hauptsächlich in der gallertartigen Masse des Samengehäuses konzentriert.

Paella mit Meeresfrüchten (oben), Tomatenrisotto mit Käse (unten)

SCHNELLE GERICHTE

Leckeres aus einem Topf

Scharfe Wurstpaella mit Schweinefleisch

Vorbereitungszeit:
10 Min.
Zubereitungszeit:
45 Min.
Für 6 Personen

4 Chorizos oder andere scharfe Würste, schräg in Scheiben geschnitten
4 Scheiben Frühstücksspeck, zerkleinert
1 mittelgroße Zwiebel, in Ringe geschnitten
1 mittelgroßer grüner Paprika, in Stücke geschnitten
1 Knoblauchzehe, zerdrückt
1 ½ Becher weißer Langkornreis
1 Dose Tomaten (450 g)
180 ml Hühnerbrühe
1 TL Kurkuma
frisch gemahlener schwarzer Pfeffer

1 Wurst und Speck in einer großen Pfanne etwa 8 Minuten anbraten. Herausnehmen. Auf Küchenpapier abtropfen lassen.
2 Pfanne mit Zwiebeln, Paprika, Knoblauch und Reis auffüllen und auf mittlerer Hitze unter Rühren 3 Minuten erhitzen.
3 Tomaten mit Saft, Brühe, Kurkuma und Pfeffer zufügen und alles gut verrühren. Deckel schließen.
4 Langsam zum Kochen bringen, einmal umrühren. Hitze reduzieren und zugedeckt 25 Minuten weitergaren lassen, bis der Reis weich ist.
5 Wurst und Speck dazugeben und nochmals erhitzen.

Paella mit Huhn

Vorbereitungszeit:
10 Min.
Zubereitungszeit:
50 Min.
Für 4 Personen

¼ Becher Weizenmehl
1 TL schwarzer Pfeffer, gemahlen
250 g Hühnerfleisch, kleingeschnitten
2 EL Olivenöl
2 Knoblauchzehen, zerdrückt
1 große Gemüsezwiebel, in Ringe geschnitten
1 mittelgroßer roter oder grüner Paprika, in Stücke geschnitten
1 mittelgroße Zucchini, in Scheiben geschnitten
1 Becher Naturreis
1 Dose Tomaten (450 g)
500 ml Hühnerbrühe
½ Becher Tiefkühlerbsen
1 EL frisches Basilikum, gehackt
1 EL frische Petersilie, gehackt

1 Mehl mit Pfeffer vermischen. Das Hühnerfleisch mit Mehl bestäuben.
2 Öl in einer Pfanne erhitzen und das Hühnerfleisch bei mittlerer Hitze scharf anbraten. Auf Küchenpapier abtropfen lassen.
3 Knoblauch, Zwiebeln, Paprika und Zucchini in die Pfanne geben und bei mittlerer Hitze 3 Minuten dünsten. Dann den Reis, die Tomaten in ihrem Saft und die Brühe einrühren. Die Pfanne mit einem gut sitzenden Deckel schließen.
4 Langsam zum Siedepunkt bringen; einmal umrühren. Die Hitze reduzieren und zugedeckt 40 Minuten garen, bis die Flüssigkeit fast ganz eingekocht ist. Der Reis muß weich sein.
5 Erbsen, Basilikum, Petersilie und Hühnerfleisch unterrühren und 5 Minuten erhitzen.

TIP
Das Originalrezept der Paella stammt von spanischen Viehhirten und bestand aus allerlei Zutaten wie Hühnchen, Meeresfrüchten oder Wurst, die man zu einem Reisgericht kombinierte. Ihren Namen verdankt die Paella der flachen runden Pfanne, in der sie traditionsgemäß zubereitet wird.

Paella mit Huhn (oben), Scharfe Wurstpaella mit Schweinefleisch (unten)

Pfannengerührtes

Die klassische Zubereitungsmethode der asiatischen Küche, bei der alle Zutaten unter ständigem Rühren kurz in der Pfanne gegart werden, hat mittlerweile auch die westeuropäischen Küchen erobert. Durch diese bekömmliche und zeitsparende Garmethode bleiben die ursprünglichen Nähr- und Aromastoffe der Zutaten erhalten.

Chilihuhn

Vorbereitungszeit:
  5 Min.
Zubereitungszeit:
  8 Min.
Für 4 Personen

1 EL Pflanzenöl
500 g Hühnerbrustfilet
8 Frühlingszwiebeln, in
  4 cm große Stücke
  geschnitten
1 Knoblauchzehe, zerdrückt
60 ml süße Chilisauce
2 EL Tomatenmark
1 EL frischer Koriander,
  feingehackt
1 Dose Mangofrüchte
  (375 g), abgetropft und
  in dünne Scheiben
  geschnitten

1 Das Hühnerfleisch in lange, schmale Streifen schneiden. In Wok oder schwerer Bratpfanne Öl erhitzen und durch behutsames Schwenken gut über Boden und Pfannenrand verteilen. Fleisch zufügen und bei starker Hitze 4 Minuten rühren, bis das Fleisch durchgegart ist. Herausnehmen und auf Küchenpapier abtropfen lassen.
2 Frühlingszwiebeln mit Knoblauch in die Pfanne geben und 1 Minute rühren. Dann Chilisauce, Tomatenmark, Koriander und Mangoscheiben zugeben und bei starker Hitze 2 Minuten unterrühren.
3 Das Hühnerfleisch zufügen und auf hoher Temperaturstufe durch ständiges Rühren 1 Minute erhitzen. Die Pfanne von der Herdplatte nehmen und sofort mit Eiernudeln und frischem grünem Salat servieren.

Chilihuhn (oben),
Hühnchen in Erdnuß-Currysauce (Seite 52)

Pfannengerührtes

Hühnchen in Erdnuß-Currysauce

Vorbereitungszeit:
5 Min.
Zubereitungszeit:
6 Min.
Für 4 Personen

1 gegrilltes Hühnchen
1 EL Currypulver
¼ Becher Erdnußbutter
1 TL Kreuzkümmel, gemahlen
2 TL brauner Zucker
1 kleine rote Chilischote, feingehackt
2 EL Wasser
1 EL Öl
1 mittelgroßer grüner Paprika, in Ringe geschnitten
1 Dose Maiskölbchen (400 g)
4 Frühlingszwiebeln, in Ringe geschnitten
1 Knoblauchzehe, zerdrückt
½ TL Ingwer, gemahlen
1 Becher Bohnensprossen

1 Das Hühnchen enthäuten und in gleichmäßig lange, dünne Streifen schneiden. Currypulver, Erdnußbutter, Kümmel, braunen Zucker, Chili und Wasser verrühren und beiseite stellen.
2 Öl in Wok oder schwerer Pfanne erhitzen und durch leichtes Schwenken gut über Boden und Pfannenrand verteilen. Paprika, Maiskölbchen, Frühlingszwiebeln, Knoblauch und Ingwer dazugeben und das Gemüse bei starker Hitze 2 Minuten rühren, bis es gar ist.
3 Bohnensprossen, Hühnerfleisch und Currymischung einrühren. Gut mischen und bei hoher Temperatur etwa 2 Minuten durch Umrühren aufwärmen. Den Wok von der Platte nehmen und sofort servieren. Dazu schmeckt gedämpfter Reis.

Schnelle Hühnerpfanne

Vorbereitungszeit:
5 Min.
Zubereitungszeit:
5 Min.
Für 4 Personen

500 g Hühnerfilets (siehe Hinweis)
1 EL Öl
3 Stangen Sellerie, schräg in Scheiben geschnitten
2 kleine Möhren, schräg in Scheiben geschnitten
1 kleiner roter Paprika, in Stücke geschnitten
250 g Brokkoliröschen
⅓ Becher Cashewkerne
125 ml süßsaure Grillsauce

1 Hühnerfilets in lange, dünne Streifen schneiden. Öl in Wok oder schwerer Bratpfanne erhitzen und durch leichtes Schwenken über Boden und Pfannenrand verteilen. Hühnerfleisch zugeben und 2 Minuten unter Rühren garen.
2 Sellerie, Möhren, Paprika, Brokkoli und Nüsse untermischen, Sauce hinzugeben und 2 Minuten bei hoher Temperatur unter ständigem Rühren mitbraten. Von der Platte nehmen und sofort mit gedämpftem Reis servieren.

Hinweis: Ersatzweise gebratene Tofuwürfel oder frische Garnelen verwenden.

Orientalische Lammpfanne

Vorbereitungszeit:
5 Min.
Zubereitungszeit:
10 Min.
Für 4 Personen

500 g Lammfilet
1 EL Öl
1 TL Kümmel, gemahlen
1 TL Koriander, gemahlen
1 TL Minzblätter, getrocknet
½ TL Kurkuma
10 Spinatblätter, zerpflückt
125 ml Naturjoghurt
2 TL Maismehl
1 EL Wasser
½ Becher Sultaninen

Pfannengerührtes

Orientalische Lammpfanne (oben), Schnelle Hühnerpfanne (unten)

1 Das Fleisch von Fett und Sehnen befreien und quer zur Faser in lange, dünne Streifen schneiden. Öl in Wok oder schwerer Pfanne erhitzen und durch leichtes Schwenken verteilen. Kümmel, Koriander, Minze und Kurkuma hinzufügen und 1 Minute unter Rühren anbraten.
2 Fleisch hinzufügen und bei starker Hitze 4 Minuten unter Rühren braten, bis alles schön gebräunt ist. Spinat dazugeben und 4 Minuten weiterrühren.
3 Joghurt mit Maismehl und Wasser verrühren und mit den Sultaninen in die Pfanne geben. Bei hoher Temperatur unter Rühren braten, bis die Sauce eindickt. Vom Herd nehmen und sofort mit gedämpftem Reis servieren.

Tip
Wok leicht fetten und gut erhitzen. Fleisch, Fisch oder Meeresfrüchte unter Rühren kurz anbraten, so daß sie ihren Eigengeschmack bewahren. Pfannengerührtes Gemüse soll am Ende der Garzeit noch Farbe und „Biß" haben.

LECKERES AUS EINEM TOPF

1. Das Fleisch quer zur Faser in lange, dünne Streifen schneiden.

2. Gut anbraten, herausnehmen und auf Küchenpapier abtropfen lassen.

Würziges Rindfleisch mit Zuckererbsen

Vorbereitungszeit:
10 Min.
Zubereitungszeit:
8 Min.
Für 4 Personen

2 EL Sojasauce
1 EL trockener Sherry
1 EL Hoisinsauce
1 ½ TL Zucker
1 ½ TL Chilipaste
1 EL Wasser
500 g Steak aus der Oberschale
2 EL Öl
1 TL Ingwer, gerieben
1 Knoblauchzehe, zerdrückt
3 mittelgroße Möhren, in dünne Streifen geschnitten
185 g Zuckererbsen
2 TL Maismehl
1 TL Wasser

1 Sojasauce, Sherry, Hoisinsauce, Zucker, Chilipaste und Wasser vermischen.
2 Fleisch von Fett und Sehnen befreien. Dann quer zur Faser in lange, dünne Streifen schneiden. Öl in Wok oder schwerer, großer Bratpfanne erhitzen und verteilen. Fleisch zugeben und unter Rühren bei mittlerer Hitze 2 Minuten anbraten. Auf Küchenpapier abtropfen lassen.
3 Ingwer und Knoblauch in den Wok geben und goldgelb rösten. Das Gemüse zufügen und bei hoher Temperatur 2 Minuten weiterrühren. Dann die Saucenmischung zugeben und unter Rühren bei starker Hitze noch 2 Minuten braten.
4 Maismehl und Wasser zu einer geschmeidigen Masse verrühren, in die Pfanne geben und bei hoher Temperatur unter Rühren weiterbraten, bis die Sauce eindickt. Das Fleisch wieder in den Wok geben und unter Rühren aufwärmen. Von der Platte nehmen und sofort mit gedämpftem Reis servieren.

Bœuf Stroganoff

Vorbereitungszeit:
10 Min.
Zubereitungszeit:
25-30 Min.
Für 6 Personen

750 g Rumpsteak oder Filetsteak
1 EL Olivenöl
2 Zwiebeln, in dünne Scheiben geschnitten
500 g Champignons, in Scheiben geschnitten
250 ml Rindfleischbrühe
1 EL Worcestersauce
1 EL Tomatensauce
1 EL Weizenmehl
125 ml saure Sahne
frisch gemahlener schwarzer Pfeffer
2 EL frische Petersilie, feingehackt

Würziges Rindfleisch mit Zuckererbsen (oben), Bœuf Stroganoff (unten)

3. Gemüse zugeben und bei hoher Hitze 2 Minuten unter Rühren braten.

4. Fleisch wieder in den Wok geben und unter Rühren gut aufwärmen.

1 Steak von Fett und Sehnen befreien und quer zur Faser in lange, dünne Streifen schneiden. Öl in Wok oder schwerer Pfanne erhitzen und das Fleisch portionsweise bei starker Hitze anbraten, aber noch nicht durchgaren. Auf Küchenpapier abtropfen lassen.
2 Zwiebeln und Champignons zufügen und bei starker Hitze unter Rühren 3 Minuten braten. Fleisch mit Brühe und Saucen dazugeben und aufkochen lassen. Hitze reduzieren und ohne Deckel 15 Minuten weiter erhitzen, bis das Fleisch gar ist.
3 Mehl und saure Sahne gut verrühren und mit Pfeffer abgeschmeckt in die Pfanne geben. Hitze reduzieren und köcheln lassen, bis die Sauce eindickt. Nicht kochen! Von der Herdplatte nehmen, mit Petersilie bestreuen und sofort mit Vollkornnudeln und Salat servieren.

> **TIP**
> Chinagemüse wie Bok Choy, Choy Sum, Gai Larn und Chinakohl sind zum Pfannenrühren ideal geeignet. Die Stengel benötigen eine längere Garzeit als die Blätter. Feingehackter Ingwer und ein Schuß Sherry verleihen den Speisen eine besondere Note.

Orientalische Rindfleischpfanne

Vorbereitungszeit:
 15 Min.
Zubereitungszeit:
 9 Min.
Für 6 Personen

500 g Steak (Oberschale oder Rumpsteak)
1 EL Öl
2 mittelgroße grüne Zucchini
2 mittelgroße gelbe Zucchini
150 g Zuckererbsen, geschnitten
250 g Champignons, geschnitten
1 großer roter Paprika, in Stücke geschnitten
1 großer grüner Paprika, in Stücke geschnitten
3-4 Becher Chinakohl, grobgeschnitten
8-10 Frühlingszwiebeln, in 5 cm lange Stücke geschnitten
3 TL Maismehl
1 EL Wasser
1 EL Austernsauce
60 ml Sojasauce
2 EL Ingwer, gerieben
⅓ Becher trockener Sherry oder Sake

1 Fleisch von Fett und Sehnen befreien und quer zur Faser in lange, dünne Streifen schneiden. Zucchini mit Gemüseschäler in lange dünne Streifen schneiden. Öl in Wok oder schwerer Pfanne erhitzen, durch Schwenken über Boden und Pfannenrand verteilen. Fleisch bei starker Hitze 3 Minuten unter Rühren braun anbraten.
2 Erbsen, Zucchini, Pilze, Paprika, Kohl und Frühlingszwiebeln zufügen; bei starker Hitze zwei Minuten unter Rühren weitergaren.
3 Maismehl mit Wasser gut verrühren und die restlichen Zutaten untermischen. Dann in den Wok geben und bei starker Hitze 3 Minuten unter Rühren braten, bis die Sauce eindickt. Vom Herd nehmen und sofort mit Reisnudeln servieren.

Lammpfanne mit Gemüse

Vorbereitungszeit:
 5 Min.
Zubereitungszeit:
 10 Min.
Für 4-6 Personen

250 ml Rindfleischbrühe
1 EL Maismehl
1 EL trockener Sherry
1 EL Sojasauce
1 TL Ingwer, gerieben
1 EL Honig
500 g mageres Lammfleisch
1 EL Öl
½ Becher Pinienkerne
300 g Pilze, geschnitten
3 Stangen Sellerie, schräg geschnitten
4 Frühlingszwiebeln, gehackt
125 g tiefgekühlte Erbsen
1 mittelgroßer roter Paprika, in Streifen geschnitten

Pfannengerührtes

Lammpfanne mit Gemüse (oben), Orientalische Rindfleischpfanne (unten)

1 ½ Becher Bohnensprossen, abgezupft (siehe Hinweis)

1 Brühe, Maismehl, Sherry, Sojasauce, Ingwer und Honig verrühren und beiseite stellen.
2 Das Fleisch von Fett und Sehnen befreien und quer zur Faser in lange, dünne Streifen schneiden. Öl in Wok oder schwerer Pfanne erhitzen. Fleisch zufügen und unter Rühren bei starker Hitze braun braten. Auf Küchenpapier zum Abtropfen legen.
3 Pinienkerne und Gemüse außer Bohnensprossen in den Wok geben und bei starker Hitze 2 Minuten rühren.
4 Saucenmischung einmal umrühren und mit Bohnensprossen in die Pfanne geben. Bei starker Hitze rühren, bis die Sauce eindickt. Fleisch wieder in die Pfanne geben und ebenfalls bei starker Hitze rühren, bis es heiß ist. Vom Herd nehmen und sofort mit Nudeln oder Reis servieren.

Hinweis: Bohnensprossen immer nur kurz anbraten, nicht durchgaren!

Leckeres aus einem Topf

Schweinefleisch mit Gemüse in Pflaumensauce

Vorbereitungszeit:
 6 Min.
Zubereitungszeit:
 12 Min.
Für 4 Personen

1 EL Pflanzenöl
500 g Schweinefilet
2 kleine Zwiebeln, in Ringe geschnitten
2 TL Ingwer, gerieben
½ Becher Pflaumenmus
2 EL Sojasauce
200 g Zuckererbsen, kleingeschnitten
2 kleine Möhren, schräg in Scheiben geschnitten
2 kleine Pastinaken, in Streifen geschnitten

1 Fleisch von Fett und Sehnen befreien und in dünne Medaillons schneiden. Öl in Wok oder schwerer Pfanne erhitzen und durch leichtes Schwenken in der Pfanne verteilen. Fleisch zufügen, bei starker Hitze unter Rühren 4 Minuten braten. Auf Küchenpapier abtropfen lassen.
2 Zwiebel und Ingwer unter Rühren bei starker Hitze 2 Minuten goldbraun braten. Pflaumenmus und Sojasauce in die Pfanne geben und 2 Minuten rühren, bis die Sauce eindickt.
3 Zuckererbsen, Möhren und Pastinaken zugeben und bei starker Hitze 4 Minuten rühren. Das Fleisch zum Aufwärmen in die Pfanne geben und 1 Minute weiterrühren. Vom Herd nehmen und sofort mit chinesischen Reisnudeln servieren.

Thai-Gemüse in Kokosmilch

Vorbereitungszeit:
 5 Min.
Zubereitungszeit:
 14 Min.
Für 4-6 Personen

1 EL Pflanzenöl
2 kleine Zwiebeln, in Ringe geschnitten
1 TL Kreuzkümmel, gemahlen
1 mittelgroßer roter Paprika, in Stücke geschnitten
150 g Blumenkohlröschen
2 Stangen Sellerie, schräg in Scheiben geschnitten
375 g Winterkürbis, gerieben
250 ml Kokosmilch
250 ml Gemüsebrühe
1 TL süße Chilisauce
150 g grüne Bohnen
1 EL frischer Koriander, feingehackt

1 Pflanzenöl in Wok oder schwerer Pfanne erhitzen und durch vorsichtiges Schwenken über Boden und Rand verteilen. Zwiebeln und Kreuzkümmel zufügen. Rühren, bis die Zwiebeln goldgelb sind.
2 Paprika, Blumenkohl, Sellerie und Kürbis zufügen und bei starker Hitze 2 Minuten unter Rühren erhitzen, bis das Gemüse beginnt, gar zu werden.
3 Kokosmilch, Gemüsebrühe und Chilisauce einrühren und aufkochen. Die Hitze reduzieren und ohne Deckel 8 Minuten weiterköcheln lassen, bis das Gemüse fast gar ist.
4 Bohnen putzen und halbieren, in den Wok geben und noch 2 Minuten weitergaren lassen, bis die Bohnen weich werden. Von der Herdplatte nehmen, mit frischem Koriander bestreuen und sofort mit gedämpftem Reis servieren (Thailändischer Duftreis paßt hier ausgezeichnet).

> **Tip**
> Zum Pfannenrühren das Gemüse schräg in Scheiben oder in lange dünne Streifen schneiden. Dadurch wird Platz gespart, und das Gemüse gart schneller.

Thai-Gemüse in Kokosmilch (oben),
Schweinefleisch mit Gemüse in Pflaumensauce (unten).

Leckeres aus einem Topf

Fischpfanne mit Limonen

Vorbereitungszeit:
6 Min.
Zubereitungszeit:
8 Min.
Für 4 Personen

500 g weiße Fischfilets
125 ml Wasser
12 große rohe Garnelen
2 TL Öl
1 mittelgroßer roter Paprika, in Streifen geschnitten
10 Stangen frischer Spargel, in 5 cm lange Stücke geschnitten
6 Frühlingszwiebeln, schräg in Stücke geschnitten
2 EL Limonensaft
2 TL abgeriebene Limonenschale
½ TL Kreuzkümmel, gemahlen
1 EL frischer bzw. 1 TL getrockneter Zitronenthymian
2 TL Maismehl
1 EL Wasser, zusätzlich
1 großer Kalmarmantel, in 1 cm dicke Ringe geschnitten

1 Fischfilets in dicke Streifen schneiden. Wasser in einem großen Topf bis zum Siedepunkt erhitzen. Fisch in den Topf geben und 2 Minuten pochieren. Den gegarten Fisch aus dem Topf nehmen. Flüssigkeit durch ein Sieb geben und beiseite stellen. Die Garnelen schälen; Darm abziehen.

2 Öl in Wok oder schwerer Pfanne erhitzen und durch leichtes Schwenken verteilen. Garnelen, Paprika, Spargel, Frühlingszwiebeln, Saft und Schale der Limone, Kreuzkümmel, Thymian und 60 ml des aufbewahrten Fischsuds in den Wok geben und alles bei starker Hitze 2 Minuten gut rühren, bis die Garnelen leuchtend rosa und gar sind.

3 Maismehl und Wasser gut verrühren. Zusammen mit den Fischfilets und den Tintenfischringen in den Wok geben. Bei starker Hitze 1 Minute lang rühren, bis die Sauce eindickt und der Fisch warm ist. Vom Herd nehmen und sofort mit knusprig gebratenen Nudeln oder gebratenem Reis servieren.

Vegetarische Pfanne mit Pesto

Vorbereitungszeit:
5 Min.
Zubereitungszeit:
6-7 Min.
Für 4 Personen

2 TL Öl
1 Knoblauchzehe, zerdrückt
1 mittelgroßer roter Paprika, in Streifen geschnitten
1 mittelgroßer grüner Paprika, in Streifen geschnitten
2 kleine Möhren, in Streifen geschnitten
2 Becher Kohl, grobgehackt
1 kleine Aubergine, kleingeschnitten
½ Becher Pesto
125 ml Tomatensaft
2 EL geriebener Parmesankäse

1 Öl in Wok oder schwerer Pfanne erhitzen und durch Schwenken über Boden und Pfannenrand verteilen. Knoblauch zufügen und 2 Minuten unter Rühren goldgelb braten.

2 Paprika, Möhren, Kohl und Aubergine in den Wok geben und bei starker Hitze 4 Minuten rühren.

3 Pesto und Tomatensaft zufügen und unter Rühren bei starker Hitze noch 1 Minute aufwärmen. Vom Herd nehmen, mit Käse bestreuen und sofort servieren.

TIP
Für den Pesto: 1 Becher frisches Basilikum, 2 zerdrückte Knoblauchzehen, ⅓ Becher frisch geriebenen Parmesan und ¼ Becher Pinienkerne in der Küchenmaschine fein hacken und bei laufendem Motor nach und nach ⅓ Becher Olivenöl zufügen, bis eine glatte Paste entsteht. In Gläser füllen und im Kühlschrank aufbewahren.

Vegetarische Pfanne mit Pesto (oben),
Fischpfanne mit Limonen (unten)

Fischpfanne mit Gemüse

Vorbereitungszeit:
5 Min.
Zubereitungszeit:
10 Min.
Für 4 Personen

2 EL Öl
1 Ei, verschlagen
300 g weiße Fischfilets
1 Knoblauchzehe, zerdrückt
300 g Brokkoliröschen
1 kleiner roter Paprika, feingeschnitten
¼ Becher Tiefkühlerbsen
2 Frühlingszwiebeln, in Ringe geschnitten
200 g Champignons, halbiert
1 mittelgroße Möhre, in Scheiben geschnitten
2 EL Wasser
1 EL Sojasauce
½ TL Ingwer, gemahlen
1 Prise Chinagewürz

1 1 EL Öl in Wok oder schwerer Pfanne erhitzen; Pfanne schwenken, um das Öl zu verteilen. Ei in die Pfanne geben und stocken lassen. Herausnehmen, aufrollen und in dünne Scheiben schneiden. Beiseite stellen.
2 Fischfilets in lange, dünne Streifen schneiden. Das restliche Öl in den Wok geben, erhitzen und durch Bewegen der Pfanne über Boden und Rand verteilen. Fisch und Knoblauch zufügen und bei starker Hitze unter Rühren braten, bis die Fischfilets gar sind. Fisch herausnehmen und beiseite stellen.
3 Brokkoli, Paprika, Erbsen, Zwiebeln, Champignons und Möhren unter Rühren bei starker Hitze 2 Minuten garen.
4 Den Fisch wieder in den Wok legen. Wasser mit Sojasauce, gemahlenem Ingwer und Chinagewürz verrühren und zusammen mit den Omelettstreifen dazugeben. Bei starker Hitze 1 Minute rühren, bis der Fisch aufgewärmt ist. Den Wok vom Herd nehmen und mit gedämpftem Reis oder Nudeln servieren.

Garnelen und Tomaten in Sahne

Vorbereitungszeit:
5 Min.
Zubereitungszeit:
12 Min.
Für 4 Personen

750 g rohe Garnelen
2 TL Öl
4 Frühlingszwiebeln, feingehackt
⅓ Becher getrocknete Tomaten in Öl, abgetropft und in Streifen geschnitten
250 ml trockener Weißwein
250 ml Crème fraîche
2 EL frisches Basilikum, feingehackt

1 Garnelen schälen; Darm entfernen. Öl in Wok oder schwerer Pfanne erhitzen und verteilen. Garnelen und Frühlingszwiebeln in den Wok geben und bei starker Hitze unter Rühren 2 Minuten braten, bis die Garnelen schön rosa gefärbt sind. Garnelen und Zwiebeln herausnehmen.
2 Die getrockneten Tomaten mit Brühe, Wein und Crème fraîche in den Wok geben und einmal aufkochen. Die Hitze reduzieren und 7 Minuten köcheln lassen, bis die Sauce etwas eingekocht ist und eine sämige Konsistenz aufweist.
3 Die Garnelen mit dem Basilikum wieder in die Pfanne geben und unter Rühren bei starker Hitze 1 Minute aufwärmen. Vom Herd nehmen und sofort mit Nudeln servieren.

Tip
Zum Pfannenrühren nur zarte, von Fett und Sehnen befreite Fleischstücke verwenden:
Rind: Filet, Oberschale, Rumpsteak, Bug, Keule.
Lamm: Lendenstück, Filet, Keulenfleisch, in Streifen geschnitten.
Kalb: Lende, Keule, Filet, Koteletts.
Schwein: Haxe, Filet, Lende, Schmetterlingssteak, Schulter.

Garnelen und Tomaten in Sahne (oben),
Fischpfanne mit Gemüse (unten)

Pfannengerührtes

Register

Bauerneintopf mit Huhn 27, 26

Bauerneintopf mit Wurst 35, 34

Bœuf Stroganoff 55, 54

Champagnerhuhn mit Estragon 4, 3

Chilihuhn 50, 51

Chili-Kokosnuß-Rindfleisch 20, 19

Dreikäsetopf mit Nudeln und Spinat 16, 17

Fettuccine mit Käse und Walnußsauce 43, 42

Fettuccine mit Pfeffer und Kräutern 43, 42

Fettuccine mit Käse und Walnußsauce 43, 42

Fischpfanne mit Gemüse 62, 63

Fischpfanne mit Limonen 61, 60

Fleischbällchen mit Tomaten und Artischocken 11, 10

Frittata mit Hühnchen und Spargel 40, 41

Frittata mit Lachs und Kräutern 44, 42

Frittata mit Spinat 44, 45

Garnelen und Tomaten in Sahne 62, 63

Hühnchen in Sahne 4, 5

Hühnchen mit Aprikosen 2, 3

Hühnchen in Erdnuß-Currysauce 52, 51

Indischer Bohneneintopf 16, 17

Indisches Lammcurry 24, 25

Irischer Schmorbraten 14, 15

Italienischer Lammtopf 8

Italienischer Rinderschmorbraten 23, 22

Käse-Schinken-Omelett 44, 45

Kräuterbraten 18, 19

Lamm mit Pilzen 11, 10

Lammbraten mit Tomaten 24, 25

Lammpfanne mit Gemüse 56, 57

Marokkanischer Lammeintopf 24, 25

Orientalische Lammpfanne 52, 53

Orientalische Rindfleischpfanne 56, 57

Osso Bucco 9

Paella mit Huhn 49, 48

Paella mit Meeresfrüchten 46, 47

Penne mit Tomaten-Sahne-Pesto 38, 39

Ratatouille 36, 37

Rindfleischeintopf mit Kräuterküchlein 13, 12

Rotes Schweinefleischcurry 35, 34

Sahne-Pfeffer-Stew 20, 21

Scharf gewürztes Brathuhn mit Reispilaw 31, 29

Scharfe Wurstpaella mit Schweinefleisch 49, 48

Scharfes Lamm mit Koriander 27, 26

Schnelle Hühnerpfanne 52, 53

Scharf gewürzter Hühnertopf 30, 29

Schweinebraten mit Äpfeln 32, 33

Schweinefleisch in Zitronen-Sahne-Sauce 32, 33

Schweinefleisch mit Gemüse in Pflaumensauce 59, 58

Schweinefleisch mit Kümmel 4, 5

Schweinefleisch mit Orangen 7, 6

Seemannsstew 14, 15

Spaghetti Carbonara 44, 45

Spiralnudeln mit Räucherlachs 40, 39

Süßes Hühnercurry 29, 28

Tex Mex Beef 20, 21

Thai-Gemüse in Kokosmilch 59, 58

Tomatenrisotto mit Käse 46, 47

Überbackener Wursteintopf 7, 6

Vegetarische Pfanne mit Pesto 61, 60

Vegetarisches Curry 36, 37

Weißes Wintergemüse 16, 17

Würziges Hühnerragout 30, 29

Würziges Rindfleisch mit Zuckererbsen 55, 54